取り分け&持ち寄り
大皿レシピ

大庭英子

東京書籍

目次

4　大皿料理＆持ち寄り5つのコツ

ごちそうサラダ

6　牛すね肉と野菜のサラダ
8　ジューシー鶏ときゅうりの香味サラダ
10　ゆでさばのディップサラダ
12　焼きなすのサラダ　豚しゃぶ玉ねぎだれ
14　たっぷり生野菜のひき肉ドレッシング
16　揚げ卵のサルササラダ
18　ひよこ豆とツナのサラダ
20　クスクスとえびのサラダ
22　豆腐と揚げじゃこのサラダ
23　豆腐干絲（カンスー）の中華風サラダ

ボリューム野菜料理

24　いろいろ野菜のロースト
26　がめ煮
28　丸ごとなすの揚げびたし
30　蒸し野菜のピリ辛だれ
32　薄切りじゃがいもとハムのグラタン
34　アスパラガスのグリル　ベーコンエッグのせ
35　芽キャベツと新じゃがの素揚げ　パルミジャーノがけ

人気の小麦粉料理

36　春菊とじゃこのチヂミ風
38　九節板（クジョルパン）
40　手作り水餃子
42　手作りおやき

おもてなし肉料理

44　豚スペアリブのこしょう焼き
46　塩豚のハーブロースト
48　豚の角煮　我が家風
50　ゆで豚とキムチの野菜包み
52　豚肉とレバーのみそ漬け
54　鶏のから揚げ3種盛り
56　鶏肉のビール煮
58　牛すじのエスニック煮込み
60　ラムチョップとじゃがいものグリル
62　ひき肉の和風オーブン焼き
64　夏野菜のひき肉包み揚げ

おもてなし魚料理

66　魚の中華セイロ蒸し
68　いわしの香草パン粉焼き
70　シーフードミックスフライ
72　海の幸のトマトソース煮

にぎやか鍋料理

74　ゆで豚と白菜漬けの鍋
76　みんなのおでん
78　鶏団子鍋
80　カムジャタン

ご飯＆汁物がわり

82　ばらちらし
84　野菜ずしと稲荷ずし
86　中華風おこわ
88　肉巻きおむすび＆しょうゆ卵おむすび
90　お好みカレー
92　お好み丼
94　鶏飯
96　冷や汁
98　大きな茶碗蒸し

満腹めんとパン

100　五目そうめん
102　長崎皿うどん
104　お好きにパスタ
106　バゲットホットドッグ
108　太巻きサンドイッチ

＊計量単位は、1カップ＝200ml、大さじ1＝15ml、小さじ1＝5ml、1合＝180mlです。
＊ガスコンロの火加減は、特にことわりのない場合は中火です。
＊オーブンの温度、オーブンやオーブントースターの焼き時間は目安です。機種によって違いがあるので加減してください。

大皿料理&持ち寄り
5つのコツ

1 メニューは奇をてらわない

　大皿料理の一番のポイントは、作り慣れていて、日頃からおいしいといわれている得意料理を作ること。いつもの料理を多めに作って大皿に盛りつけるだけで、立派なおもてなしになります。人が集まるからといって、今まで作ったことのない豪華料理や奇をてらった料理にトライするのは禁物。自分がゲストだったら、そのお宅の定番料理が何よりうれしいと思うはずです。

　また、みんなの好きな人気の定番を数種類組み合わせた「お好み」メニューもおすすめ。たとえば、から揚げは味違いで3種類、カレーはルウを2種類、パスタはソースを2～3種類用意して、テーブルに並べます。どれも食べたい！　どれから食べようか？　と盛り上がります。

p.54　鶏のから揚げ3種盛り

p.104　お好きにパスタ

p.24
いろいろ野菜の
ロースト

p.88
肉巻きおむすび＆
しょうゆ卵おむすび

2 いつもより大ぶりに作る

　作り慣れている料理を作るのがおもてなしの基本ですが、大皿に盛りつけて映えるポイントは、いつもより少し大きめに仕上げること。たとえば野菜は丸ごとローストしたり、魚は1尾のまま蒸したり。それだけで見た目に迫力が出ておいしそうです。また、おむすびやロールサンドなども大きく作ると大盛り感が出て、テーブルの上が華やぎます。思いきりのよさがおいしさにつながります。

3 できるだけ仕込んでおく

　おもてなしの献立は、作りおき料理と作りたて料理で構成するのが基本。そのためには、下ごしらえをしておく、みんなが来る前にある程度作っておく、盛りつける直前まで準備しておく……といった仕込みが大事。たとえば、時間がたっても味が変わらないマリネ、温め直してもおいしい煮ものやカレーは作りおき、サラダの野菜は氷水につけてシャキッとさせておく、フライものは衣までしっかりつけて冷蔵庫に入れておく、肉のグリルは下味だけつけておく、といった具合。できるだけ仕込んでおくことが、宴をスムーズにすすめるポイント。ホスト側もみんなといっしょに楽しめます。

p.14
たっぷり生野菜の
ひき肉ドレッシング

p.28
丸ごとなすの
揚げびたし

p.70
シーフードミックス
フライ

4 ダイナミックに盛りつける

　グリーンサラダやスペアリブ、炊き込みご飯や皿うどんなど、おなじみの料理でも大きな器に盛りつけると、それだけで豪華に見えるから不思議。大皿や大鉢、ときには木のボードやトレーを器代わりに使って盛りつけます。おいしそうに見せるポイントは、高さを出すようにして立体的に盛ること。グリーンの野菜を添えたり、薬味をのせるなどして華やかに見せることも大事ですが、彩りだけのためにパセリやトマトを飾るのではなく、食べておいしい組み合わせを考えることからはじめてください。また、煮込みやシチューは鍋ごと、蒸し料理はセイロごと供するのもおすすめ。ダイナミックな演出になります。

p.45 豚スペアリブのこしょう焼き

p.102 長崎皿うどん

5 おいしさを考えて持ち寄り

　気軽なおもてなしとして最適な大皿取り分け料理は、持ち寄り料理としても喜ばれます。持ち寄りのときにまず考えたいのは、おいしさ。時間がたっても味が落ちないものを、形をくずすことなく容器に詰めて、きれいなまま持っていくことが大事です。たとえばサラダは水っぽくならないように野菜の水けをよく拭き、ドレッシングは別に持っていく。サンドイッチなどのパン類は乾かないようにワックスペーパーで包む。揚げものは経木などに包み、ソースなどは別容器に入れる。味が混じったらおいしくないものは個々の保存容器に入れる……など。「きれいに持っていく」ことが、おいしさのクオリティを下げないポイントです。

p.16
揚げ卵の
サルササラダ

p.106
バゲット
ホットドッグ

p.64
夏野菜の
ひき肉包み揚げ

ごちそうサラダ

◆ 持ち寄りMEMO

牛すね肉の香りボイルは薄切りにして保存容器に。野菜、ゆで卵も2～3つの保存容器に分けて詰める。テーブルに出すときは大皿に盛り合わせ、食べる直前に混ぜるように。

牛すね肉と野菜のサラダ

牛肉、ゆで卵、野菜……、色とりどりの具をとり合わせた、
見た目にも華やかな、おもてなしサラダ。
牛肉はかたまりのままゆでてから切ると、ほどよいやわらかさ。
それぞれに味をつけて盛りつけ、
全部混ぜ合わせていただくのが、我が家流です。

材料 6人分
- 牛すね肉の香りボイル
  - 牛すね肉（かたまり）　600g
  - 白ワイン　1/3カップ
  - 塩　小さじ2/3
  - 香味野菜（玉ねぎの薄切り、にんじんのくず、セロリのくず、しょうがの皮など）　適量
  - ローリエ　1枚
  - フレンチドレッシング*　1/2カップ
  - 玉ねぎのみじん切り　大さじ4
  - パセリのみじん切り　大さじ2
- じゃがいも　5個
- 紫キャベツ　250g
- にんじん　大2本
- フレンチドレッシング*　適量
- 塩、こしょう　各適量
- ディル、セルフィユ　各適量
- きゅうり　3本
- ミディトマト　8個
- ゆで卵　4個
- オリーブ（グリーン、ブラック）　各8個

＊フレンチドレッシング……ボウルにワインビネガーまたは酢1/3カップ、塩小さじ1、こしょう少々を入れて泡立て器でよく混ぜ、オリーブオイル2/3カップを少しずつ加えて混ぜる。

1 牛すね肉の香りボイルを作る。牛肉は室温に戻し、直径20cm程度の鍋に水4カップとともに入れて火にかける。煮立ったらアクをとり、白ワイン、塩、香味野菜、ローリエを加えてふたをし、牛肉がやわらかくなるまで弱火で1時間～1時間30分ゆでる。ゆで汁に入れたまま冷まし、5～8mm厚さに切ってボウルに入れ、ドレッシング、玉ねぎ、パセリを加えてあえる。

2 じゃがいもは皮つきのまま鍋に入れ、かぶる程度の水を加えて火にかける。煮立ったら火を弱めてふたをし、30～40分ゆでる。ザルに上げて皮をむき、ひと口大に切る。ボウルに入れてドレッシング大さじ4～5であえて冷まし、塩、こしょう各少々で味を調える。ディルをふる。

3 紫キャベツは5mm幅のせん切りにし、熱湯に入れてひと煮立ちさせ、ザルに上げてゆで汁をきる。ボウルに入れてドレッシング大さじ3、塩、こしょう各少々であえて冷ます。

4 にんじんは皮をむいて太めのせん切りにし、ドレッシング1/3カップ、塩、こしょう各少々であえ、しんなりするまでおく。セルフィユをふる。

5 きゅうりは3mm厚さの輪切りにし、トマトは縦半分に切る。ゆで卵は6等分のくし形に切る。

6 器に1～5を盛り合わせ、ゆで卵にはオリーブを散らす。全体に混ぜていただく。

ジューシー鶏と
きゅうりの香味サラダ

少ない水分で蒸し煮した鶏肉はやわらかジューシー。
食べやすい大きさに切り分け、相性のよいきゅうりと組み合わせてサラダ仕立てにします。
きゅうりはスライサーで縦薄切りにすると口当たりがよく、
長ねぎたっぷりの香味だれがよく絡みます。

材料 6人分
- ●ジューシー鶏
  - 鶏もも肉　3枚
  - 酒　大さじ3
  - 塩　小さじ½
  - 長ねぎの青い部分　1本分
  - しょうがの皮　適量
- きゅうり　4本
- トマト　3個
- 香菜　適量
- ●香味だれ
  - 長ねぎ　2本
  - しょうがのみじん切り　小さじ2
  - ごま油　大さじ4
  - 塩　小さじ1
  - こしょう　少々
  - 鶏の蒸し煮汁　大さじ3
- 香菜　適量

1 ジューシー鶏を作る。鍋に鶏肉を皮目を上にして入れ、水1カップ、酒、塩、長ねぎの青い部分、しょうがの皮を加え、ふたをして火にかける。煮立ったら火を弱めて15〜20分蒸し煮する。蒸し煮汁に入れたまま冷ます。

2 きゅうりは半分の長さに切り、スライサーで縦薄切りにする。トマトはヘタをとって8等分のくし形に切る。

3 香味だれを作る。長ねぎはみじん切りにしてボウルに入れ、しょうがのみじんに切り、ごま油、塩、こしょう、1の蒸し煮汁を加えて混ぜる。

4 1の鶏肉は食べやすい大きさに切り分ける。

5 器にきゅうりを半分に折るようにして敷き、鶏肉とトマトを盛り、香味だれをかける。香菜を飾る。

持ち寄りMEMO

切り分けた鶏肉、きゅうり、トマトを保存容器に詰め、香菜をのせる。香味だれは別容器に入れて持っていく。テーブルに出すときは大皿に盛りつけ、香味だれをかける。

ゆでさばのディップサラダ

さばをワインとともにゆでてほぐし、オイルマリネにした1品。
玉ねぎ、セロリ、パセリ、トマトなどを入れた
香りのよいマリナード（マリネ液）が、おいしさの秘密。
オイルは、香り高いエキストラバージンオリーブオイルを使います。
バゲットにたっぷりのせていただきます。

材料6人分
さば（3枚におろしたもの） 3尾分
白ワイン 1/3カップ
香味野菜
　（玉ねぎの薄切り、セロリのくず、
　　しょうがの皮、タイム、ローリエ、
　　パセリの軸、レモンの半月切り）
　　適量
塩 小さじ1/2
こしょう 少々

●マリナード
玉ねぎ 小1個
セロリ 1/2本
トマト 1個
パセリのみじん切り 大さじ4
ディルのみじん切り 少々
粒マスタード 大さじ2
オリーブオイル 1/2～2/3カップ
レモン汁 大さじ3
塩 小さじ1・1/2
こしょう 少々
バゲット（細めのもの） 1本

持ち寄りMEMO

ゆでさばのディップサラダは保存容器に入れて、バゲットは切らないで1本そのまま持っていく。食べるときにバゲットを斜め薄切りにして添える。

1 鍋にさばを入れて白ワインを注ぎ入れ、香味野菜、塩、こしょう、水4カップを加えて火にかけ、煮立ったら火を弱めて20～25分ゆでる。ゆで汁に入れたまま冷ます。

2 1のさばの皮、骨をとり除き、手で細かくほぐす。

3 マリナードの玉ねぎはみじん切りにし、布巾に包み、水にさらして水気を絞る。セロリはみじん切りにする。トマトはヘタをとって横半分に切って種をとり、1cm角に切る。

4 ボウルに2のさばを入れ、3、パセリ、ディル、粒マスタード、オリーブオイル、レモン汁、塩、こしょうを加えて混ぜ合わせ、冷蔵庫に入れて1～2時間マリネする。

5 器に盛り、バゲットを斜め薄切りにして添える。バゲットにのせていただく。

さばは香味野菜や白ワインを加えてゆで、そのまま冷ます。冷ます間に味がよくしみ込む。

焼きなすのサラダ
豚しゃぶ玉ねぎだれ

焼きなすはそれだけでも十分おいしいですが、ここでは、なすと相性のよい
豚肉と玉ねぎを組み合わせて、ボリューム満点のおかずサラダに仕立てます。
味つけはナンプラーと赤唐辛子を使ったエスニックテイスト。
焼きなすは器に盛りつけるまで、冷蔵庫で冷やしておくのがポイントです。

材料6人分
なす　18個
● 豚しゃぶ玉ねぎだれ
豚ロース薄切り肉
　　（しゃぶしゃぶ用）　300g
玉ねぎ　小1個
にんにく　2かけ
しょうが　小1/2かけ
香菜　1/2〜1束
ミント　6〜8枝
赤唐辛子　小6〜8本
ごま油　大さじ3
ナンプラー　大さじ3
塩　小さじ1/2
こしょう　少々
レモン汁　大さじ4

🅘 持ち寄りMEMO

冷やしておいた焼きなすはヘタを切って保存容器に。豚しゃぶ玉ねぎだれは別の保存容器に入れる。別々に持っていき、盛りつけるときに一緒にする。

1　なすはガク先を切りとる。焼き網を熱してなす4〜5本をのせ、ときどき転がしながら焼く。全体に黒くなり、やわらかくなるまで焼き、冷水に一瞬つけて表面を冷まし、皮をむく。残りも同様にして焼いて皮をむく。水気を拭き、バットに並べて冷蔵庫で冷やす。

2　豚しゃぶ玉ねぎだれを作る。鍋にたっぷりの水、酒適量、長ねぎの青い部分少々、しょうがの皮少々（各分量外）を入れて火にかけ、煮立ったら火を弱め、豚肉を1枚ずつ広げながら入れ、色が変わったらバットなどにとり出して冷ます。

3　玉ねぎは縦半分に切り、さらに縦薄切りにする。にんにくは薄切りにし、しょうがはせん切り、香菜は3cm長さに切る。ミントは葉を摘む。

4　2の豚肉は2〜3cm幅に切る。

5　ボウルに玉ねぎ、にんにく、しょうが、豚肉を入れ、赤唐辛子、ごま油、ナンプラー、塩、こしょう、レモン汁を加えて混ぜ、最後に香菜、ミントを入れて混ぜる。

6　1のなすを冷蔵庫から出してヘタを切り、縦に包丁で切り込みを入れて器に盛り、5の豚しゃぶ玉ねぎだれをのせる。焼きなすに豚しゃぶ玉ねぎだれをたっぷりとからめていただく。

なすを皮が黒くなるまでしっかりと焼く。これが香ばしさにつながる。

熱いうちに皮をむく。冷めるとむきにくくなるので焼いたらすぐにむくとよい。

たっぷり生野菜の
ひき肉ドレッシング

とにかく生のシャキシャキ野菜がたくさん食べたい！
そんなリクエストにお応えした、大盛りサラダです。野菜は好みの葉ものを数種類組み合わせればOK、
濃い緑色、若草色、うっすら緑色……、いろいろな緑色が混ざっている様子がきれいで、食指が動きます。
ひき肉ドレッシングのおかげで飽きずにモリモリ食べられます。

材料 6人分

レタス、グリーンカール、アンディーブ、サラダミックス、ルッコラなど好みの葉野菜　1kg

● ひき肉ドレッシング
鶏ひき肉　350g
オリーブオイル　大さじ5
しょうがのみじん切り　大さじ1
酒　大さじ3
酢　大さじ4
塩　小さじ1½
こしょう　少々

葉野菜は冷水にさらしてパリッとさせる。このひと手間で野菜のみずみずしさが違ってくる。

1　葉野菜はすべて洗って冷水にさらしておく。
2　ひき肉ドレッシングを作る。中華鍋にオリーブオイル大さじ1を熱して鶏ひき肉を入れ、ほぐすようにしてよく炒め、しょうがを加えてさらに炒める。酒をふり、水大さじ4を加え、煮立ったら火を弱めてふたをして5分ほど煮る。
3　2をボウルにとり出して冷まし、オリーブオイル大さじ4、酢、塩、こしょうを加えて混ぜ合わせる。
4　1の葉野菜の水気をよく拭き、食べやすい大きさに手でちぎる。
5　器に4を盛り、ひき肉ドレッシング適量をかけ、残りのひき肉ドレッシングも添える。

持ち寄りMEMO

葉野菜は洗って冷水にさらしてパリッとさせ、水気を拭いて大きめにちぎり、大きいボウルに入れてふたまたはラップをし、そのまま持っていく。ひき肉ドレッシングは保存瓶などに入れてふたをギュッと閉める。

ご飯にも合うサラダなので、俵おむすびなどを添えても。

> 🗂 持ち寄りMEMO
>
> 揚げ卵は冷ましてから保存容器に入れる。黄身が半熟なので、つぶさないように注意。サルサは保存容器または保存瓶に入れて別に持っていく。

揚げ卵のサルササラダ

揚げ卵は白身のまわりがカリッと香ばしく、
目玉焼きやポーチドエッグとはまた違ったおいしさ。
油で揚げることでボリューム感が出て、立派な主役になります。
ここでは、フレッシュ感たっぷりのサルサをかけて、前菜にもなる1品に。
半熟の黄身とピリッと辛いサルサの組み合わせが絶妙です。

材料6人分
卵　12個
揚げ油　適量
● サルサ
　トマト　3個
　玉ねぎ　小1個
　セロリ　½本
　ピーマン（緑、黄、オレンジ）
　　各1個
　にんにく　1かけ
　パセリのみじん切り　大さじ3
　赤唐辛子、青唐辛子のみじん切り
　　各1〜2本分
　オリーブオイル　大さじ4
　塩　小さじ1½
　こしょう　少々
　レモン汁　大さじ3
バゲット　適量

1　サルサを作る。トマトはヘタをとり、横半分に切って種をとり、1cm角に切る。玉ねぎ、セロリ、きゅうり、パプリカは6〜8mm角に切る。にんにくはみじん切りにする。

2　ボウルに1を入れ、パセリ、赤唐辛子、青唐辛子、オリーブオイル、塩、こしょう、レモン汁を加えて混ぜ合わせる。

3　中華鍋を熱して揚げ油少々を入れ、弱火で煙が出るくらいまで熱して火を止め、そのまま冷ます。ペーパータオルで拭きとり、新たに揚げ油を少なめに入れて中温に熱する。

4　卵を1個、小さめの容器に割り入れ、3の油に静かに落とし入れる。卵白が白くなり、揚げ色がついてくるまでそのままいじらずに揚げ、黄身が半熟状になったらとり出す。残りも同様にして1個ずつ揚げる。

5　器に揚げ卵を盛り、サルサをたっぷりとかける。バゲットを斜め薄切りにして添える。

卵はあらかじめ小さい容器に割り入れておき、揚げ油の中に静かに落とす。

卵白が白くなり、揚げ色がついてくるまで、そのままいじらずに揚げる。

材料 6人分
ひよこ豆(乾燥)　300g
フレンチドレッシング*　大さじ4
ツナ缶　大1缶
玉ねぎ　1/2個
マヨネーズ　大さじ4
塩、こしょう　少々

＊フレンチドレッシング……ボウルにワインビネガーまたは酢1/3カップ、塩小さじ1、こしょう少々を入れて泡立て器でよく混ぜ、オリーブオイル2/3カップを少しずつ加えて混ぜる。

持ち寄りMEMO

保存容器または保存瓶に入れて持っていく。彩りにパプリカパウダーや粗びき黒こしょうをふっても。

ひよこ豆とツナのサラダ

ホクホクとした食感のひよこ豆はオリーブオイルベースのサラダにすることが多いですが、ここでは子供たちにも人気の、ツナとマヨネーズをとり合わせます。ドレッシングで下味をつけてからマヨネーズであえるのがポイントです。

1　ひよこ豆は洗って鍋に入れ、水6カップを加えて6時間〜1晩浸す。
2　1をそのまま火にかけ、煮立ったら火を弱めてふたをし、ひよこ豆がやわらかくなるまで30分ほどゆでる。火を止めて、ゆで汁に入れたまま粗熱をとる。
3　2をザルに上げてゆで汁をきり、ボウルに移し、ドレッシングをふってあえ、冷ます。
4　ツナは油をきって粗くほぐす。玉ねぎはみじん切りにして布巾に包み、水にさらして水気を絞る。
5　3にツナと玉ねぎを加えて混ぜ、マヨネーズを加えてあえ、塩、こしょうで味を調える。

ひよこ豆は水に浸してから使う。鍋に入れて浸しておき、そのまま火にかけるとよい。

粗熱がとれたらドレッシングを加えて混ぜ、冷ます。これで下味がつく。

クスクスとえびのサラダ

ヨーロッパ、中東、北アフリカなど世界各国で食べられているクスクスを使ったサラダ。
えび、きゅうり、カリフラワーなど食感の違う素材をプラスして、飽きないおいしさに。
レモンをキュッと絞って、さわやかな香りとともにいただきます。

クスクスは塩を加えた湯に入れて混ぜ合わせ、ふっくらとするまでおく。

全体に混ぜてふたをし、蒸らすようにして戻す。この戻したクスクスをサラダに使う。

材料 6人分
- クスクス　300g
- フレンチドレッシング*　⅔カップ
- むきえび　200g
- きゅうり　1本
- チコリ　1個
- カリフラワー　150g
- ラディッシュ　6個
- 塩　適量
- こしょう　少々
- カットレモン　適量
- イタリアンパセリ　適量

*フレンチドレッシング……ボウルにワインビネガーまたは酢⅓カップ、塩小さじ1、こしょう少々を入れて泡立て器でよく混ぜ、オリーブオイル⅔カップを少しずつ加えて混ぜる。

1 鍋に水1½カップを入れて火にかけ、沸騰したら塩小さじ¼を加え、クスクスを入れて混ぜ、クスクスがふっくらとしたら全体に混ぜる。火を止めてふたをし、5〜10分おいて粗熱をとる。
2 1のクスクスをボウルに移し、ドレッシングを加えて混ぜ、冷ます。
3 えびはゆでて冷水にとって冷まし、水気を拭く。
4 きゅうりは縦半分に切ってから8mm幅に切り、チコリは1枚ずつはがして1cm幅に切る。カリフラワーは小房に分け、さらに4〜6等分に切る。ラディッシュは縦半分に切る。
5 2に3と4を加えて混ぜ、塩小さじ½、こしょうで味を調える。
6 器に盛り、レモンとイタリアンパセリを添える。レモンを絞りかけ、イタリアンパセリをちぎってのせる。

持ち寄りMEMO
クスクスとえびのサラダを保存容器に入れ、レモンとイタリアンパセリは別容器に入れる。レモンはすぐに使えるようにくし形に切っておく。

材料 6人分
木綿豆腐　2丁
絹ごし豆腐　2丁
● 揚げじゃこトッピング
　じゃこ　100g
　にんにく　2かけ
　長ねぎ　1本
　揚げ油　適量
　塩、こしょう　各少々
　白炒りごま　大さじ2
　しょうゆ　適量

持ち寄りMEMO

揚げじゃこトッピングは保存容器に入れ、豆腐は封を切らずにそのまま持っていく。

豆腐と揚げじゃこのサラダ

カリッカリに揚げたじゃことにんにくの香ばしさが身上。
いつもの冷奴がおもてなし風になります。絹ごしと木綿、お気に入りの豆腐を
用意すると、ちょっと気が利いた感じになります。

1　豆腐は軽く水きりする。
2　揚げじゃこトッピングを作る。にんにくは薄切りにする。長ねぎは小口切りにする。
3　フライパンに少なめの揚げ油を入れて火にかけ、低温のうちににんにくを入れてゆっくりと揚げる。低めの中温になったらじゃこを加え、カリッとなるまで弱火で2〜3分ゆっくりと揚げる。ペーパータオルの上にとり出して油をきる。
4　ボウルに2の長ねぎ、3のじゃことにんにくを入れ、塩、こしょうをふり、ごまを加える。
5　豆腐を6等分に切って器に盛り、4の揚げじゃこトッピングをのせ、しょうゆをかける。

豆腐干絲は日本では冷凍品が流通していて、インターネットなどで購入可。あえものや炒めものにも。

材料 6人分
豆腐干絲(冷凍) 1袋(500g)
セロリ 2本
きゅうり 3本
長ねぎ ½本
香菜 1束
ロースハム 100g
ごま油 大さじ4
塩 小さじ1½
こしょう 少々

持ち寄りMEMO
保存容器に入れて持っていく。めんと違って時間がたってものびない。

豆腐干絲(カンスー)の中華風サラダ

豆腐干絲は押し豆腐をせん切りにしたもので、
中国料理の食材としてはポピュラー。
せん切り野菜と組み合わせて、ごま油が香る塩味サラダに仕立てます。

1 豆腐干絲は自然解凍してほぐし、たっぷりの熱湯に入れ、煮立ってから1分ほどゆでる。ザルに上げて水気をきり、冷ます。
2 セロリは筋をとって4cm長さのせん切りにする。きゅうりは3mm厚さの斜め切りにし、縦せん切りにする。長ねぎは縦半分に切って斜めせん切りにし、香菜は3cm長さに切る。
3 ハムは半分に切って細切りにする。
4 ボウルに1、2、3を入れ、ごま油をふって全体にまぶし、塩、こしょうで調味する。

ボリューム野菜料理

材料 6人分
にんじん 小3本
玉ねぎ 小3個
かぶ 3個
ズッキーニ 小2本
パプリカ(黄、オレンジ) 各2個
オリーブオイル 1/3カップ
塩、こしょう 各少々
● にんにくアンチョビーソース
にんにく 3～4かけ
アンチョビー 1缶
生クリーム 1/2～2/3カップ
塩、こしょう 各少々

いろいろ野菜のロースト

オリーブオイルをからめた野菜をオーブンで焼くだけのシンプル料理。
うまみがギュッと凝縮されて野菜本来のおいしさが味わえるのが魅力です。
大ぶりに切る、または丸ごと焼くのが、我が家流。
塩、こしょうだけでいただいてもよし、にんにくアンチョビーソースをかけてもよし。

天板に野菜をのせ、オリーブオイルをからめる。この状態でオーブンへ。

1 にんじんは皮をむき、上部1/2の深さまで十文字の切り込みを入れる。玉ねぎも上部1/2の深さまで十文字の切り込みを入れる。かぶは茎を6cmほど残して葉を切る。
2 天板に1、ズッキーニ、パプリカを並べてオリーブオイルをかけ、全体にからめる。にんにくアンチョビーソースのにんにくも薄皮をつけたままのせてオリーブオイルをからめる。
3 2を230℃のオーブンで30～40分焼く。途中軽く塩、こしょうをふり、野菜がやわらかくなっておいしそうな焼き色がつくまで焼く。
4 にんにくアンチョビーソースを作る。3で焼いたにんにくの薄皮をとり、すり鉢に入れてすりつぶし、アンチョビーを加えてすり混ぜる。生クリームを少しずつ加えて混ぜ、塩、こしょうで味を調える。
5 器に3の野菜を盛り、にんにくアンチョビーソースを添える。アツアツのうちに食べやすい大きさに切り分けて各自の器にとり、にんにくアンチョビーソースをかける。

持ち寄りMEMO

鍋ごとカゴなどに入れて持っていき、温め直して大皿に盛りつける。ちょうどよいカゴがなければ、風呂敷などに包んでも。

材料 6〜8人分
干ししいたけ　小16枚
こんにゃく　大1枚
ごぼう　250g
しょうが　小1かけ
にんじん　2本
れんこん　大1節
里芋　大8個
絹さや　30g
鶏もも肉　3枚
サラダ油　大さじ2
酒　大さじ4
だし汁　2カップ
みりん　大さじ4
砂糖　大さじ1〜2
しょうゆ　大さじ6
薄口しょうゆ　大さじ2

がめ煮

がめ煮はわたしが生まれ育った福岡の郷土料理。
にんじん、れんこん、ごぼうなどの根菜やこんにゃく、
鶏肉を炒め煮にしたもので、筑前煮、炒り鶏と同じです。
いろいろな野菜のうまみが溶け合った
和のおかずならではのおいしさを堪能します。

1　干ししいたけはたっぷりの水とともにボウルに入れ、ふたを重し代わりにのせて冷蔵庫に1晩入れて戻す。軽く水気を絞り、軸をとり、笠に浅く切り込みを入れる。

2　こんにゃくは半分に切ってから厚さも半分に切り、両面に斜めに浅い切り込みを入れ、ひと口大に切り分ける。塩少々（分量外）をふって手でもみ、洗う。ひたひたの水とともに鍋に入れて火にかけ、煮立ったら火をやや弱めて5分ほどゆで、ザルに上げてゆで汁をきる。

3　ごぼうは皮をこそげて1〜1.5cm厚さの斜め切りにし、さっと洗って水気をきる。ひたひたの水とともに鍋に入れて火にかけ、煮立ったら火を弱めてふたをして10分ほどゆで、ザルに上げてゆで汁をきる。しょうがはせん切りにする。

4　にんじんは1cm厚さの輪切りにし、れんこんは1.5cm厚さの半月切りにして水でさっと洗い、水気を拭く。里芋は上下を切り落として皮をむき、半分に切り、塩少々（分量外）をふって手でもみ、洗ってぬめりをとり、水気を拭く。

5　絹さやは筋をとり、さっとゆでて冷水にとって冷まし、水気を拭く。

6　鶏肉は3〜4cm角に切る。

7　鍋にサラダ油適量（分量外）を入れて熱してなじませ、ペーパータオルで拭きとる。新たにサラダ油を入れて熱し、鶏肉を焼きつけるようにして炒め、1、2、3を加えてよく炒める。酒をふり、だし汁½カップを注ぎ、煮立ったらみりん、砂糖、しょうゆを加えてふたをして15分ほど煮る。

8　7の具をとり出し、鍋に残った煮汁に4を加え、だし汁1½カップを加えて再び火にかけ、煮立ったら薄口しょうゆを加えてふたをし、15分ほど煮る。

9　8にとり出しておいた具を戻し入れてひと煮し、火を止めてそのまま冷まして味を含ませる。

10　盛りつける直前に絹さやを加えて温め直す。

鶏肉を炒めたら、しいたけ、こんにゃく、ごぼう、しょうがを入れて炒め、だし汁と調味料を加えて煮る。

しいたけ、こんにゃく、ごぼう、しょうがを煮た煮汁で、にんじん、れんこん、里芋を煮る。ふたつに分けて煮ることで、それぞれの素材の味がより生かせる。

材料 6人分
なす　18〜20個
揚げ油　適量
●つけ汁
　だし汁　4カップ
　しょうゆ　2/3カップ
　みりん　1/2カップ
　赤唐辛子　2本
長ねぎ　10cm

🍱 持ち寄りMEMO

冷蔵庫で冷やしておいた容器ごと持っていく。持っていくことを考えて、はじめからきれいに並べて入れるとよい。

丸ごとなすの揚げびたし

実はなすが大好き。おいしそうななすを見つけるとつい買ってしまい、そのときの気分で、切り方、調理法、味を変えていろいろに楽しみます。ここで紹介するのは、なすを丸ごと素揚げにして、汁につけたもの。ひと口ほおばるとジュワッと汁が出てきて、この上ないおいしさ。前日に作って冷蔵庫で冷やしておくのがおすすめです！

1　なすはヘタを切り、下の部分も少し切り落とし、縦1cm幅に切り込みを入れる。
2　つけ汁を作る。大きめの鍋または中華鍋にだし汁を入れて煮立て、しょうゆ、みりん、赤唐辛子を加えてひと煮立ちさせて火を止める。
3　揚げ油を高めの中温に熱して1を5〜6本ずつ入れ、全体に混ぜながら、しんなりするまで4〜5分かけて揚げる。油をきって2の鍋に入れる。残りも同様にして揚げ、鍋に入れてひと煮立ちさせる。
4　粗熱がとれたら保存容器などに移し、1晩冷蔵庫に入れて味を含ませる。
5　長ねぎは3等分の長さに切り、せん切りにして冷水にさらし、パリッとしたら水気をきる。
6　器になすを盛り、つけ汁を注ぎ、長ねぎをのせる。赤唐辛子を斜め薄切りにしてのせる。

なすは味がしみ込みやすいよう、また、食べやすいように、包丁の先で1cm幅ぐらいに切り込みを入れる。

揚げたらすぐにつけ汁に入れると、味がなじみやすい。鍋、中華鍋、ボウルなど、大きめの道具を使う。

蒸し野菜のピリ辛だれ

24ページで紹介したようなオーブンで焼いただけの野菜も
おいしいですが、蒸しただけの野菜もいいものです。
ゆでるよりうまみが逃げず、野菜の甘さが引き立ちます。
コチュジャンだれ、ゆずこしょうを用意して、パンチを出すと
宴会向き。日ごろの野菜不足が解消できると、思いのほか人気です。

材料 6人分
れんこん 2節
さつまいも 2本
かぼちゃ ½個
キャベツ ½個
ブロッコリー 1個
長ねぎ 2本

● コチュジャンだれ
コチュジャン 大さじ3
酢 大さじ3
しょうゆ 大さじ2
ごま油 大さじ3
長ねぎのみじん切り 大さじ4
にんにくのすりおろし 少々
しょうがのすりおろし 小さじ½
白すりごま 大さじ2
ゆずこしょう 適量
塩 適量

1 れんこんは皮つきのまま1.5cm厚さの輪切りにしてさっと洗い、水気をきる。さつまいもは皮つきのまま大きめの乱切りにしてさっと洗い、水気をきる。かぼちゃは皮つきのまま種とワタをスプーンなどでとり、半分の長さに切り、3cm幅のくし形に切る。

2 キャベツは芯をつけたまま縦4等分に切る。ブロッコリーは茎の部分の皮をそぎとり、縦半分に切り、さらに縦3等分に切る。長ねぎは3〜4cm長さに切る。

3 コチュジャンだれを作る。ボウルにコチュジャンだれの材料をすべて入れて混ぜ合わせる。

4 セイロまたは蒸し器にれんこん、さつまいも、かぼちゃを入れ、蒸気の立った状態で10分ほど蒸す。キャベツ、ブロッコリー、長ねぎを加え、野菜がやわらかくなるまでさらに10〜15分蒸す。

5 セイロごとテーブルに出し、コチュジャンだれ、ゆずこしょう、塩を添える。好みのものをつけていただく。

持ち寄りMEMO

冷めてから保存容器に詰め合わせる。コチュジャンだれは別の容器に入れ、ゆずこしょうは瓶ごと持っていく。ゆずこしょうは開封したてのものが香りがよいので、できれば未開封のものを用意する。

薄切りじゃがいもと
ハムのグラタン

生クリームをかけて焼くだけの簡単レシピ。
おいしく作る秘訣は、じゃがいもを同じ薄さに、ごく薄く切ること。
そのためには包丁を使うより、スライサーを使うのがおすすめです。
グリュイエールチーズは使う分だけすりおろし、
半量をじゃがいもに混ぜておくと、チーズの風味がより楽しめます。

材料6人分
じゃがいも　大8個
ロースハム　150g
にんにく　2かけ
グリュイエールチーズ　200g
塩　小さじ1⅓
こしょう　少々
ナツメグ　少々
生クリーム　1カップ

1 じゃがいもは皮をむいて洗い、スライサーで薄い輪切りにする。ハムは半分に切ってから2〜3cm幅に切り、にんにくは薄切りにする。
2 グリュイエールチーズは使う直前にすりおろす。
3 ボウルにじゃがいも、ハム、にんにくを入れ、塩、こしょう、ナツメグをふり入れて混ぜ、グリュイエールチーズの½量を加えて全体に混ぜる。
4 耐熱性の器に3を入れ、生クリームを回し入れ、残りのグリュイエールチーズをふる。180℃のオーブンで50分ほど焼く。

じゃがいもとハム、にんにくなどを混ぜたら、グリュイエールチーズの半量を加えて混ぜる。

グリュイエールチーズの残り半量を全体にふり、オーブンへ。おろしたばかりのチーズは風味たっぷり。

アスパラガスは生のままグリルパンにのせて焼き色がつくまで焼く。シャキッとした歯ごたえが残り、みずみずしさと香りも味わえる。

アスパラガスのグリル ベーコンエッグのせ

グリーンとホワイト、2色のアスパラガスを使った春先〜初夏のひと皿。「ホワイトアスパラガスってゆでるだけでなく、グリルにしてもおいしい！」と人気です。

材料 6人分
ホワイトアスパラガス
　（太いもの） 12本
グリーンアスパラガス
　（太いもの） 6本
ベーコン（薄切り） 12枚
卵 6個
オリーブオイル 大さじ4
塩、粗びき黒こしょう
　各適量

1　ホワイトアスパラガスは根元を5mm〜1cm切り落とし、ピーラーで皮をむく。グリーンアスパラガスは根元を5mmほど切り落とし、下半分の皮をピーラーでむく。

2　フライパンにベーコンを1枚ずつ広げて入れ、カリカリになるまで炒め、とり出す。

3　2のフライパンの余分な油を除き、卵を1個ずつ間隔をあけて落とし入れ、半熟状に焼き、塩をふってとり出す。残りも同様にして焼く。

4　グリルパンにオリーブオイル大さじ1を熱してアスパラガスをのせ、重石のふたをして強火で4〜5分焼き、裏に返してさらに4〜5分焼いて中まで火を通す。残りも同様にして焼き、塩、こしょうをふる。

5　器に2色のアスパラガスを盛り、ベーコンと目玉焼きをのせ、こしょうをふる。卵をくずし、アスパラガスにからめていただく。

芽キャベツは包丁で十文字の切り込みを入れると、揚げたときに葉が開いてサクッとなる。

1　芽キャベツは半分くらいの深さまで十文字の切り込みを入れる。新じゃがは皮のまま洗って水気をふく。
2　揚げ油を中温に熱してじゃがいもを入れ、やわらかくなるまで弱火で10分ほどかけて揚げ、最後に火を強めて1分ほど揚げる。カリッとしたらとり出し、塩、こしょうをふる。
3　2の揚げ油に芽キャベツを入れ、弱火で4〜5分揚げ、最後に火を強めて1分ほど揚げる。カリッとしたらとり出し、塩、こしょうをふる。
4　パルミジャーノチーズは使う直前にすりおろす。
5　器に2と3を盛り合わせ、パルミジャーノチーズをふり、カットレモンを添える。好みで粗びき黒こしょう(分量外)をふってもよい。

芽キャベツと新じゃがの素揚げ パルミジャーノがけ

芽キャベツとパルミジャーノチーズの相性が絶妙！
小さめの新じゃががあれば、一緒に揚げます。
パルミジャーノチーズはおろしたてを使うと、おいしさ倍増。

材料 6人分
芽キャベツ　20個
新じゃが(小さいもの)　600g
揚げ油　適量
塩、こしょう　各少々
パルミジャーノチーズ　適量
カットレモン　適量

人気の
小麦粉料理

36

材料 直径26cmのフライパン2枚分
春菊　正味120g
長ねぎ　1本
じゃこ　50g
白炒りごま　大さじ2
赤唐辛子（できれば生）　2本
●生地
　卵　2個
　塩　小さじ½
　薄力粉　1½カップ
ごま油　大さじ3
●酢じょうゆだれ
　酢　大さじ4
　しょうゆ　大さじ4
　砂糖　少々
　白炒りごま　適量

卵に水、塩、薄力粉を混ぜ合わせて生地を作る。この生地に春菊、長ねぎ、じゃこ、ごまを混ぜる。

1　春菊はかたくて太い茎の部分は除き、葉を摘み、残りの茎は斜め薄切りにする。合わせて120g用意する。
2　長ねぎは縦半分に切ってから5mm幅の斜めせん切りにする。赤唐辛子は種をとって斜め輪切りにする。
3　生地を作る。ボウルに卵を割りほぐし、水1カップ、塩、薄力粉を入れて混ぜ合わせる。
4　3に春菊、長ねぎ、じゃこ、ごまを加えて混ぜる。
5　フライパンにごま油大さじ1を熱して4の½量を入れて薄く広げ、フライ返して押さえながら弱めの中火で4～5分焼く。裏に返し、ごま油大さじ½を縁から回し入れ、フライ返して押さえながら4～5分焼く。
6　残りの4に2の赤唐辛子を加えて混ぜ、5と同様にして焼く。
7　食べやすい大きさに切って器に盛り、酢じょうゆだれの材料を混ぜ合わせて添える。

春菊とじゃこの
チヂミ風

ほんのり苦味のある春菊、加熱すると甘みの出る長ねぎ、
少量入れるだけでうまみの出る
じゃこを組み合わせた、韓国風の1品。
生地が緑色になるほど春菊をたっぷり使うのがミソ。
2枚焼きますが、そのうち1枚には
赤唐辛子を加えてピリ辛に仕上げます。

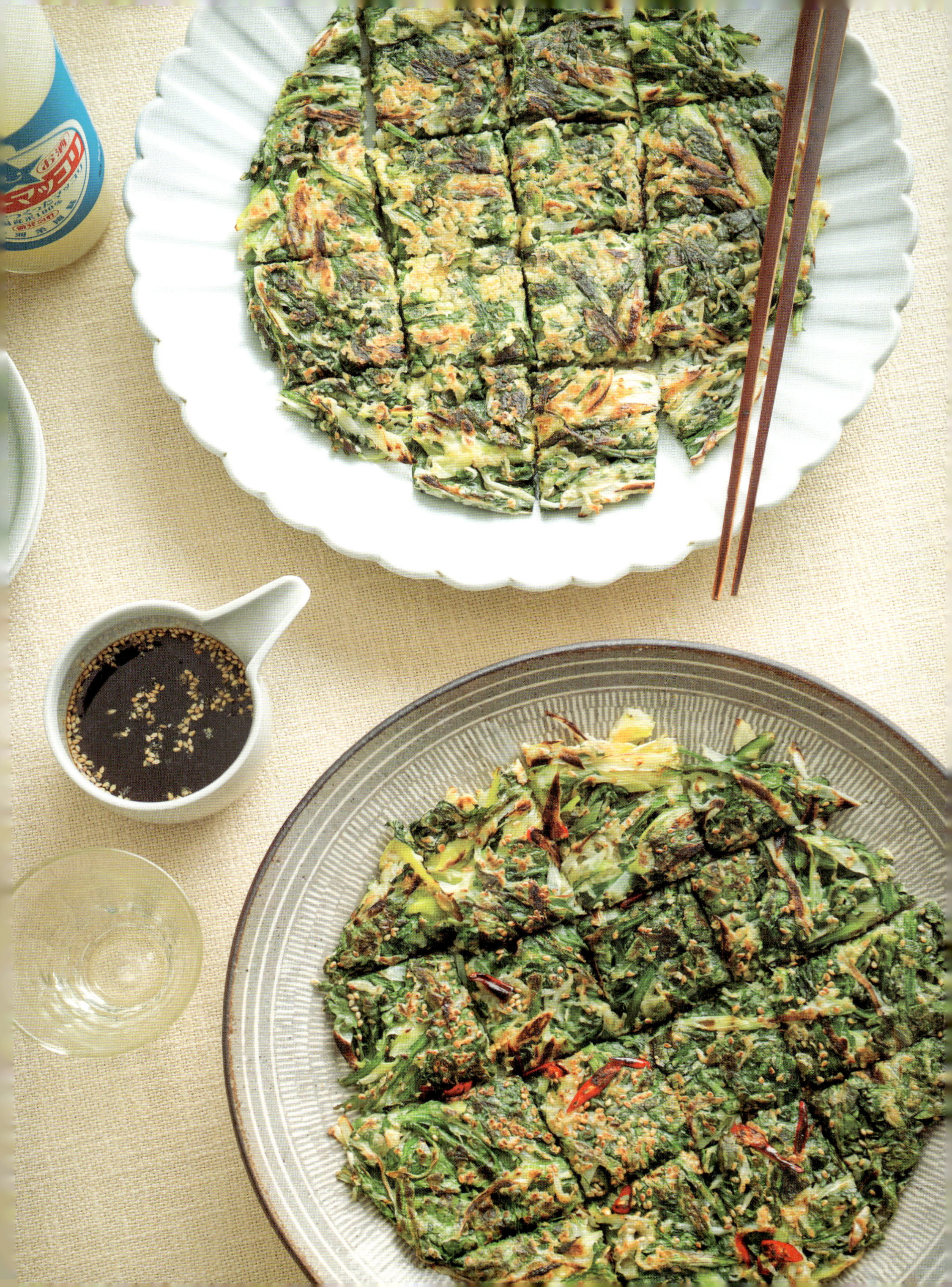

九節板
<small>クジョルパン</small>

九節板は韓国の伝統料理のひとつで、野菜のナムル、牛肉炒め、錦糸卵などの具を、
小さく焼いたクレープのような皮に包んでいただく料理。
具は5色を使って彩りよく並べ、見た目に華やかなのが特徴。
おもてなしに喜ばれること、間違いなしです。

材料 6人分
- ●皮（約60枚分）
  薄力粉　300g
  卵　2個
  塩　小さじ¼
  ごま油　少々
- ●牛肉炒め
  牛切り落とし肉　400g
  A［酒大さじ1　にんにくのみじん切り少々　長ねぎのみじん切り大さじ2　しょうゆ大さじ2　粉唐辛子少々　ごま油大さじ1　白炒りごま少々］
- ●もやしのナムル
  もやし　1袋（250g）
  B［ごま油大さじ1　酢大さじ3　砂糖大さじ½　塩小さじ⅕］
  粉唐辛子　少々
- ●きゅうりのナムル
  きゅうり　3本
  C［ごま油大さじ⅔　白炒りごま少々］
- ●しいたけの炒め煮
  干ししいたけ（戻したもの）　12枚
  ごま油　大さじ1
  D［干ししいたけの戻し汁大さじ3　酒大さじ1　砂糖小さじ1　しょうゆ大さじ1½］
  白炒りごま　少々
- ●にんじん炒め
  にんじん　2本
  ごま油　大さじ2
  塩、こしょう　各少々
- ●錦糸卵
  卵　3個
  塩　少々
  ごま油　少々

白菜キムチ　300g
春菊　½束

持ち寄りMEMO

経木の折り箱などに皮と具を彩りよく詰める。キムチはにおいが強いのでパックごと。風呂敷などに包んで持っていく。器に盛りつけてもよいし、このままテーブルに出してもOK。

1　皮を作る。ボウルに卵を割りほぐし、水3カップと塩を入れて混ぜ、薄力粉を加えて泡立器でよく混ぜる。万能漉し器で漉し、30分ほどねかせる。

2　フライパンにごま油を弱火でなじませ、スプーンで生地をすくって流し入れ、すぐにスプーンの底で直径7〜8cmに丸く広げる。縁が浮いてきたら裏に返して10秒ほど焼き、盆ザルにとる。同様にしてすべて焼く。

3　牛肉炒めを作る。牛肉は2cm幅に切り、Aを混ぜて下味をつける。フライパンを熱して牛肉を入れ、ほぐすようにして炒め、汁気がなくなるまで炒め煮にする。

4　もやしのナムルを作る。もやしは洗い、塩と酢各少々（分量外）を入れた熱湯に入れ、煮立ってから1分ほどゆでて、ザルに上げてゆで汁をきる。冷めたらBを混ぜてあえ、粉唐辛子をふる。

5　きゅうりのナムルを作る。きゅうりは斜め薄切りにしてから縦せん切りにし、塩小さじ1（分量外）をまぶして10分ほどおき、しんなりしたら水でさっと洗い、水気を絞る。Cを混ぜてあえる。

6　しいたけの炒め煮を作る。しいたけは軸をとって薄切りにし、ごま油を熱したフライパンで炒める。Dを加え、汁気がなくなるまで炒め煮にし、ごまをふる。

7　にんじん炒めを作る。にんじんは4〜5cm長さのせん切りにし、ごま油を熱したフライパンで炒め、少ししんなりしたら、塩、こしょうをふる。

8　錦糸卵を作る。卵はボウルに割りほぐして塩を混ぜ、万能漉し器で漉す。直径26cmのフライパンにごま油を薄くひき、卵⅓個分を流し入れて弱めの中火で両面焼き、薄焼き卵を作る。残りも同様にして焼き、幅4等分にしてせん切りにする。

9　キムチは繊維に逆らって細切りにし、春菊は葉を摘む。

10　器の真ん中に皮を重ねておき、まわりに3〜9の具を彩りよく盛る。皮を手にとり、好みの具をのせて巻いていただく。

生地を流し入れたらすぐにスプーンの底で広げ、両面焼く。ホットプレートを使っても。

人気の小麦粉料理
39

手作り水餃子

モチモチッとしたおいしさが、水餃子の醍醐味。
おいしさの秘訣は皮にあるといってもよいでしょう。
そのためには皮は手作りに限ります。材料は強力粉、塩、水と、とってもシンプル。
30分〜1時間ねかせてからのばし、具を包みます。

人気の小麦粉料理 ● 41

材料 約50個分

●皮
強力粉　400g
塩　少々

●餡
白菜　600g
豚ひき肉　300g
長ねぎのみじん切り　大さじ4
しょうがのすりおろし　小さじ1
酒　大さじ3
しょうゆ　小さじ1
塩　小さじ½
こしょう　少々
片栗粉　大さじ2
ごま油　大さじ1
ほうれん草　400g

●たれ
甜麺醤　大さじ3
白練りごま　大さじ2
酢　大さじ2
ごま油　大さじ2
鶏ガラスープまたは水　大さじ2
長ねぎのみじん切り　大さじ3
にんにくのみじん切り　小さじ½
しょうゆ　大さじ2
豆板醤　小さじ2

1　皮を作る。ボウルに強力粉と塩を入れて混ぜ、水1〜1¼カップを加えて混ぜ合わせ、手でなめらかになるまでよくこねる。ひとつにまとめ、ラップをして30分〜1時間ねかせる。

2　餡を作る。白菜は塩少々（分量外）を加えた熱湯でしんなりするまでゆで、ザルに広げて冷ます。みじん切りにし、水気をよく絞る。

3　ボウルに白菜以外の餡の材料を入れて手でよく混ぜ、白菜を加えてさらによく混ぜる。

4　ほうれん草は根元に十文字の切り込みを入れて洗い、2〜3等分の長さに切る。

5　たれの材料は混ぜておく。

6　1の生地を5等分にしてそれぞれ棒状にのばし、10等分に切り分ける。台やキャンバス地などに打ち粉（片栗粉。分量外）をふり、ひとつずつ、切り口を下にして手のひらで転がして丸みをつけ、めん棒で中央は厚く、直径5〜6cmの円形にのばす。ほかの生地は乾燥しないように、かたく絞ったぬれ布巾をかけておく。同様にして全部で50枚作る。

7　6の皮に3の餡を適量のせ、皮をのばすようにしながらふたつ折りにし、皮の縁同士をくっつけるようにして餡を包む。乾いた布巾の上に並べる。

8　鍋にたっぷりの湯を沸かし、7を入れてさっと混ぜ、煮立ったら火をやや弱め、餃子が浮いてきたら1分ほどゆでる。ほうれん草を加えてさっとゆでる。

9　ゆで汁ごと器に盛り、5のたれを添える。汁気をきって各自の器にとり、たれをかける。

強力粉と塩を混ぜ、水を加えて混ぜ合わせる。強力粉に水を吸わせるような感じ。

手のつけ根を使ってよくこねてなめらかにし、しっとりとしたらひとまとめにする。

切り分けた生地をのばす。左手で生地を持って回しながら、めん棒でのばしていく。真ん中は厚めに。

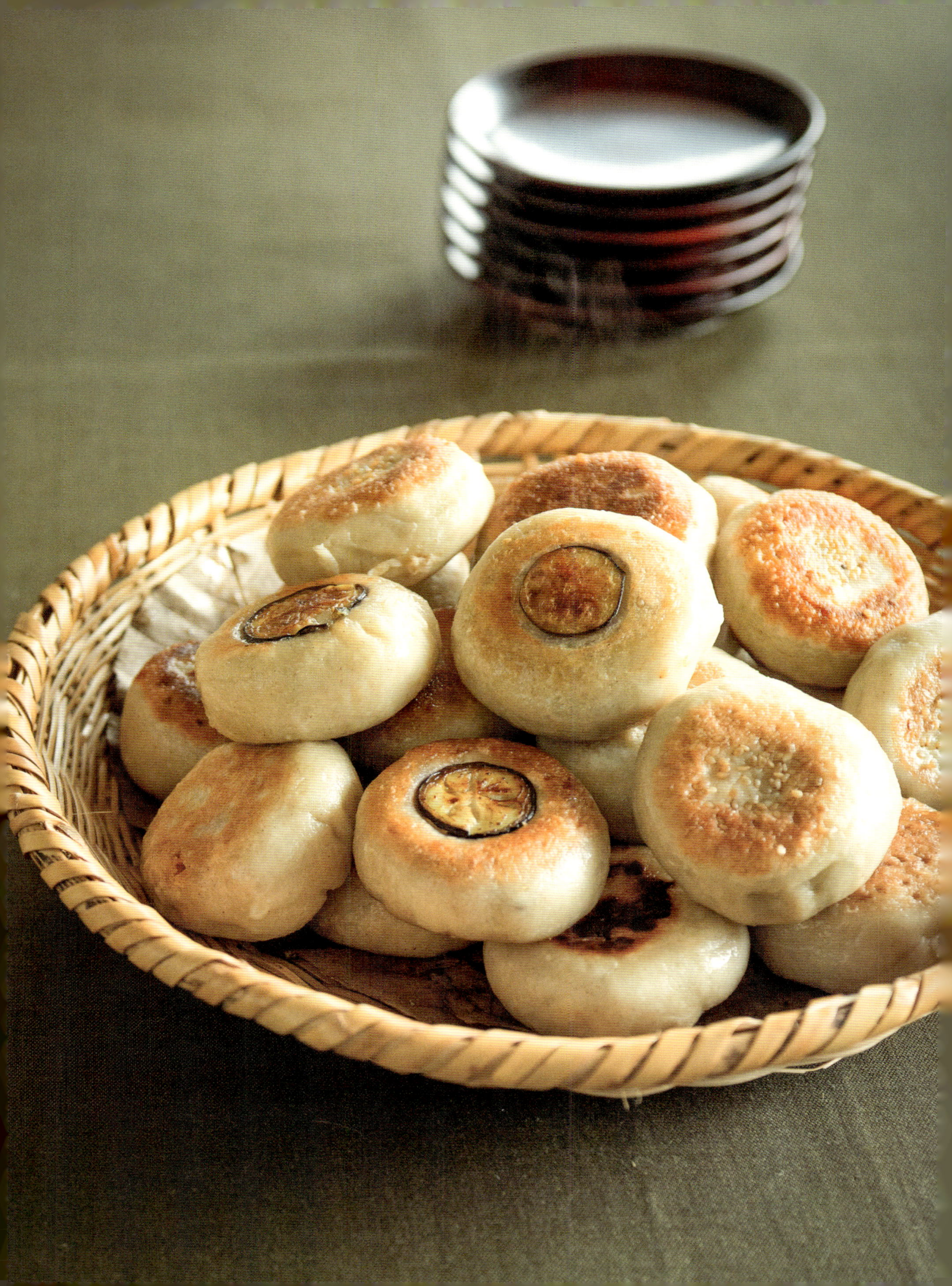

手作りおやき

小麦粉やそば粉などで作った皮で餡を包んだ、長野名物。
餡は、野菜や山菜、あずきなど、
ヘルシーなものが多く、その素朴な味わいが魅力。
ここでは、野沢菜漬け、切り干し大根、なすみその餡を紹介。
焼き色をつけてから蒸すと、手作りの皮ならではのモチモチ感が楽しめます。

持ち寄りMEMO

ひとつずつ朴葉（乾燥）に包み、紐などで結ぶ。朴葉は包みやすいように水につけて少しやわらかくしてから使うとよい。

材料 24個分

● 皮
- そば粉　150g
- 強力粉　200g
- 薄力粉　150g
- 塩　少々
- ベーキングパウダー　大さじ2

● 野沢菜餡
- 野沢菜漬け　250g
- ごま油　大さじ1
- A［しょうゆ大さじ1　粉唐辛子少々］
- 白炒りごま　大さじ1

● 切り干し大根餡
- 切り干し大根（戻したもの）　150g
- 豚もも薄切り肉　100g
- にんじん　50g
- サラダ油　大さじ1
- 酒　大さじ2
- B［砂糖大さじ½　みりん大さじ2　しょうゆ大さじ2］

● なすみそ餡
- なす　6個
- サラダ油　大さじ3
- C［みそ大さじ3　砂糖大さじ⅔　みりん大さじ2　酒大さじ1］

サラダ油　適量

1　皮を作る。ボウルに皮の材料をすべて入れて泡立て器で混ぜ、熱湯2½～3カップを加えて箸で混ぜる。まとまったら、手でなめらかになるまでよくこね、ひとまとめにして乾燥しないようにラップをして30分～1時間ねかせる。

2　野沢菜餡を作る。野沢菜漬けはさっと洗って水気を絞り、縦2～3cm幅に切って刻む。ごま油を熱したフライパンで炒め、Aを加えて炒め合わせ、ごまを加えて混ぜる。

3　切り干し大根餡を作る。切り干し大根は水気をよく絞って3cm長さに切る。豚肉は5mm幅の細切りにし、にんじんは2cm長さのせん切りにする。サラダ油を熱したフライパンで豚肉を炒め、切り干し大根、にんじんを加えてさらに炒め、酒をふり、水⅓カップとBを加えてふたをして弱火で10分ほど煮る。ふたをとり、余分な煮汁を飛ばす。

4　なすみそ餡を作る。なすはヘタをとって6～8mm角に切り、サラダ油を熱したフライパンでしんなりするまで炒め、ふたをして弱火でやわらかくなるまで5分ほど蒸し煮する。Cを加えて炒め合わせる。

5　1の生地を3等分にしてそれぞれ棒状にのばし、8等分に切り分け、丸く形作り、直径7～8cmに薄くのばす。

6　5の皮に2～4の餡を40～50gずつのせ、皮をのばすようにしながら包み、丸く薄く形を整える。野沢菜餡には白炒りごま（分量外）をつけ、なすみそにはなすの薄切り（分量外）を貼りつける。

7　フライパンにサラダ油を熱し、6を表になる面を下にして入れ、焼き色がついたら裏に返し、両面こんがりと焼き色をつける。

8　7をセイロに並べ入れ、蒸気の立った状態で12～15分蒸す。

餡は、野沢菜餡、切り干し大根餡、なすみそ餡。どれもモチモチの皮とよく合う。

両面こんがりと焼き色をつける。さらにこれを蒸すと、モチモチになっておいしさ倍増。

おもてなし肉料理

持ち寄りMEMO

保存容器にスペアリブを入れ、生野菜は別の容器に入れて持っていく。

豚スペアリブのこしょう焼き

蒸し煮して余分な脂をとり除き、
それから粗びき黒こしょうをたっぷりとふってオーブンで焼き上げます。
だからあっさりしていて、やわらか。
ハーフサイズのスペアリブを使うので、おつまみ感覚でいただけます。

材料 6〜8人分
- 豚スペアリブ（ハーフサイズ） 2kg
- にんにく 2かけ
- しょうがの薄切り 1かけ分
- ローリエ 2枚
- 白ワイン ⅔カップ
- 塩 小さじ2
- こしょう 少々
- 粗びき黒こしょう 大さじ4
- ●つけ合わせ
  - きゅうり 3本
  - ミニトマト（赤、黄） 各150g
  - クレソン 2束

1 鍋にスペアリブを入れ、にんにく、しょうが、ローリエ、白ワイン、水1カップを加えて火にかける。煮立ったら塩、こしょうをふり、ふたをして弱火で40分ほど蒸し煮する。火を止めてそのまま粗熱をとり、冷蔵庫に1晩入れる、

2 1を冷蔵庫から出し、かたまった脂を取り除き、バットなどに移して粗びき黒こしょうをたっぷりめにまぶす。

3 グリルを熱してスペアリブを並べ、両面焼き色がつくまで焼く。

4 きゅうりはひと口大の乱切りにし、ミニトマトは洗って水気を拭く。クレソンはかたい茎の部分は除く。

5 器にスペアリブを盛り、きゅうり、ミニトマト、クレソンを添える。

下ごしらえとして、にんにく、しょうが、ローリエ、白ワイン、水で蒸し煮する。

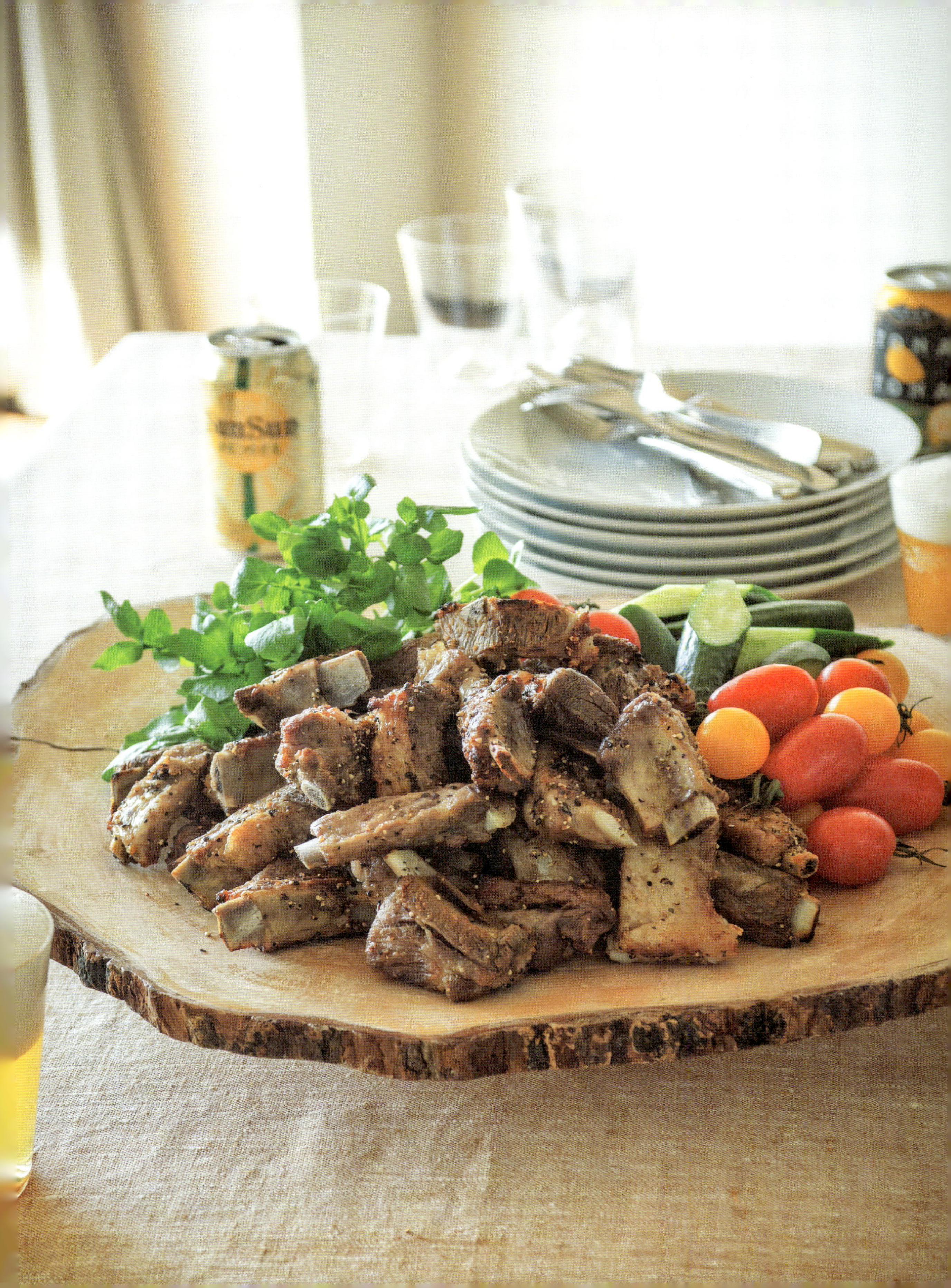

塩豚のハーブロースト

塩漬けにした豚肉をオリーブオイルとハーブでマリネし、
ハーブとともにオーブンで焼き上げます。
かたまりのままじっくり焼くと肉のうまみが逃げず、
冷めてもおいしいまま。もちろんアツアツを供しても。

おもてなし肉料理 ● 47

材料 6〜8人分
豚肩ロース肉（かたまり）
　400g×3本
塩　25g（豚肉の重量の約2％）
にんにく　2かけ
しょうが　1かけ
ローリエ　2枚
ローズマリー　適量
イタリアンパセリ　適量
タイム　適量
セージ　適量
パセリのみじん切り　大さじ2
こしょう　少々
白ワイン　大さじ4
オリーブオイル　大さじ4
● じゃがいものこんがり焼き
　じゃがいも　6個
　オリーブオイル　大さじ2
　塩、こしょう　各少々
● ブロッコリーのソテー
　ブロッコリー　大1個
　オリーブオイル　大さじ2
　塩　少々

🍱 持ち寄りMEMO

粗熱がとれたら切り分けずに保存容器に入れ、つけ合わせの野菜、飾り用のハーブも添える。器に盛りつけるときに切り分ける。

塩漬けにしてハーブとオリーブオイルでマリネした豚肉を、ハーブとともにオーブンで香ばしく焼く。

1　豚肉は保存袋に入れて塩を加えて全体によくまぶし、余分な空気を抜いて冷蔵庫に2晩入れ、塩漬けにする。
2　にんにくは薄切り、しょうがはせん切りにする。ローリエ、ローズマリー、イタリアンパセリは手でちぎる。
3　1の豚肉の水気を拭き、バットなどに入れ、白ワイン、オリーブオイル、2、タイム、セージ、パセリ、こしょうをまぶし、2時間ほど室温でマリネする。
4　オーブンシートを敷いた天板に3を並べ、マリネしておいたハーブ類ものせ、180℃のオーブンで1時間ほど焼く。
5　じゃがいものこんがり焼きを作る。じゃがいもは皮つきのまま洗って鍋に入れ、ひたひたの水を加えて火にかけ、30分ほどややかためにゆで、ゆで汁をきる。4等分に切り、オリーブオイルを熱したフライパンで色よく焼き、塩をふる。
6　ブロッコリーのソテーを作る。ブロッコリーは大きめに切り分け、オリーブオイルを熱したフライパンで焼きつけるようにして炒め、塩をふる。
7　4の豚肉が焼き上がったら粗熱をとり、タコ糸があればとり除き、1cm厚さに切って器に盛る。5と6を添え、好みのハーブ（分量外）を飾る。

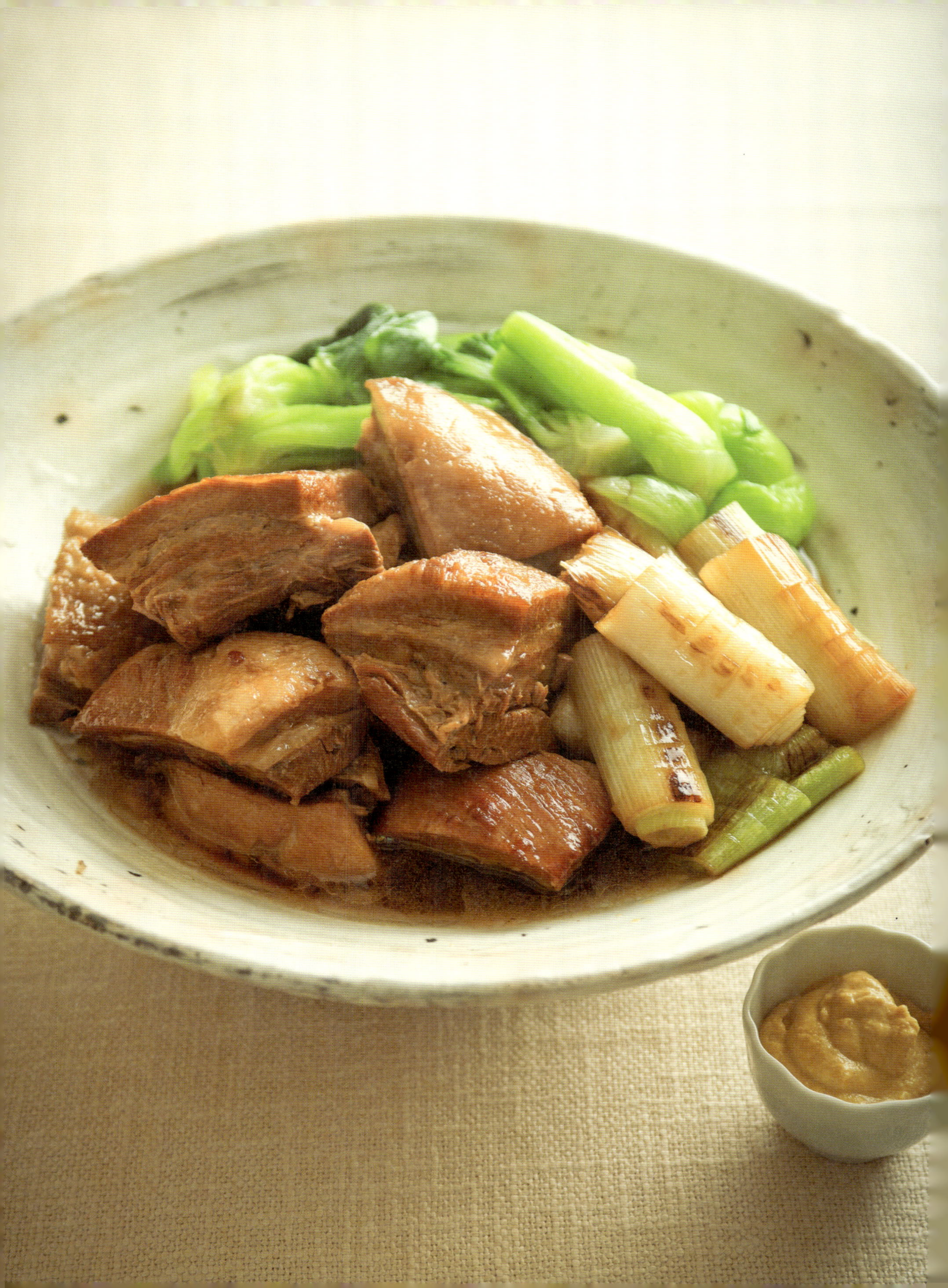

豚の角煮 我が家風

かたまりのまま前日にゆでて余分な脂をとり除き、
次の日に大ぶりに切り分け、しょうゆ味で煮ます。
いったん冷まして味をしみ込ませ、
野菜を加えて再び火にかけて仕上げます。
その工程がおいしさを作ります。
残ったら、ご飯やラーメンにのせていただいても。

持ち寄りMEMO

やわらかく煮た豚肉はくずれやすいので、できるだけきれいに並べて保存容器に入れる。長ねぎと青梗菜も入れ、煮汁もほどほどに入れる。辛子は練りたてがおいしいので、粉辛子を持っていく。

材料 6人分
豚バラ肉（かたまり）
　500g×3本
サラダ油　少々
にんにく　2かけ
しょうがの皮　大1かけ分
長ねぎの青い部分　適量
ゆで汁　3カップ
酒　1/2カップ
砂糖　大さじ4
しょうゆ　2/3カップ
青梗菜　4株
長ねぎ　2本
練り辛子　適量

1　豚肉は室温に戻す。フライパンにサラダ油を熱して豚肉を入れ、余分な油をキッチンペーパーで拭きとりながら全体に焼きつける。

2　1を鍋に移し、水4カップ、にんにく、しょうがの皮、長ねぎの青い部分を入れて火にかけ、煮立ったら火を弱めてふたをし、1時間ほどゆでる。そのまま冷まし、冷蔵庫に1晩入れる。

3　2を冷蔵庫からとり出し、かたまった脂をとり除き、5cm角ぐらいに切る。ゆで汁は3カップほどとっておく。

4　新たな鍋に3の豚肉とゆで汁を入れて火にかけ、煮立ったら酒、砂糖を入れて10分ほど煮、しょうゆの1/2量を加えてふたをし、弱火で20分ほど煮る。残りのしょうゆを加えてさらに10分ほど煮、そのまま冷ます。

5　青梗菜は縦4等分に切り、塩少々（分量外）を加えた熱湯でしんなりするまでゆで、水気を絞って5〜6cm長さに切る。

6　長ねぎは4cm長さに切り、両面に5mmくらいの間隔で浅く切り込みを入れる。フライパンに入れて熱し、焼きめをつける。

7　4を再び火にかけ、煮立ったら長ねぎを入れて3分ほど煮、青梗菜を加えてひと煮する。

8　器に盛り、練り辛子を添える。

1晩おいて上にかたまった脂をとり除く。これですっきりとした食べ心地になる。

おもてなし肉料理

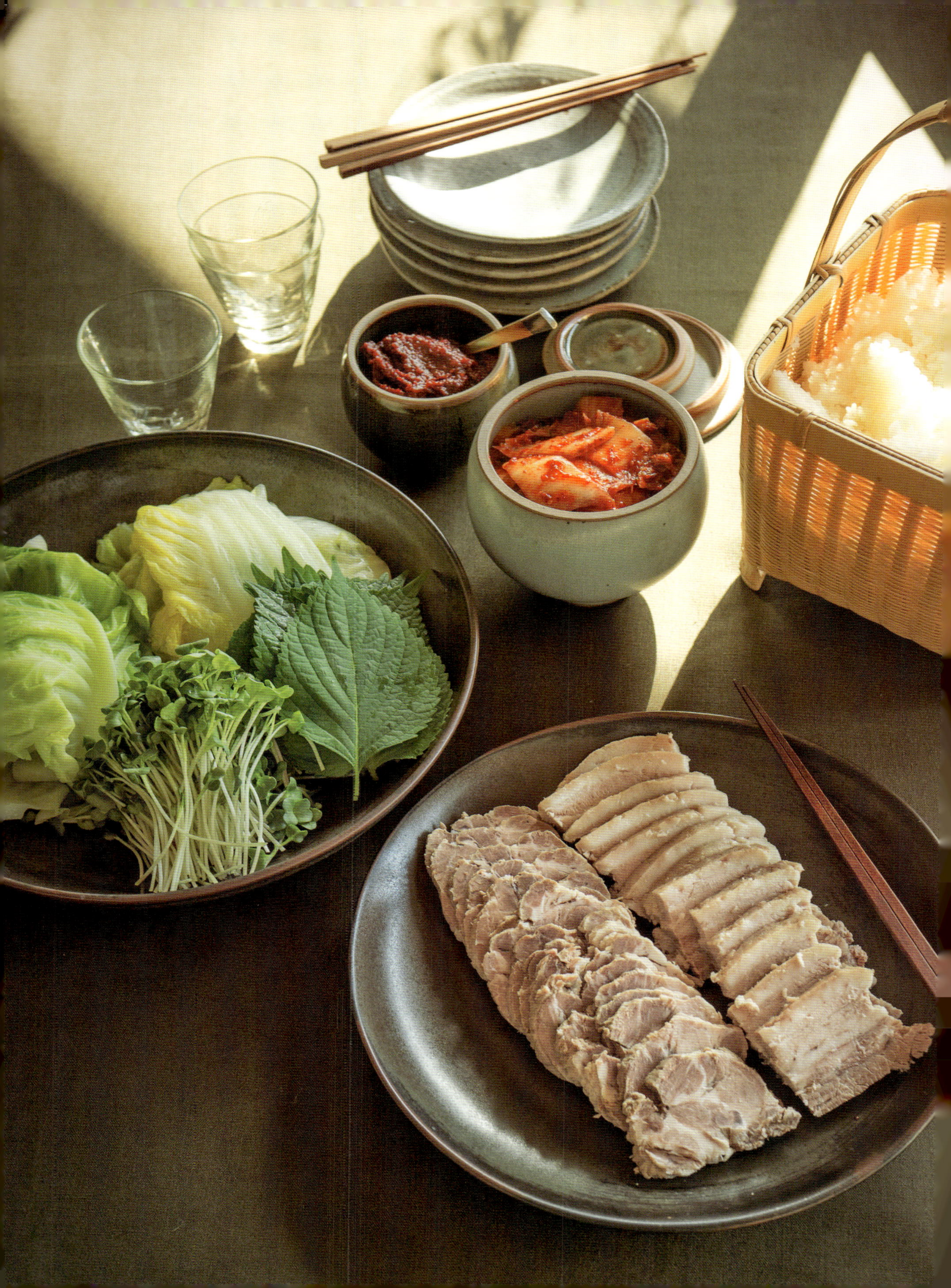

ゆで豚とキムチの野菜包み

ゆで豚と白菜キムチの相性は抜群。ゆでたキャベツや白菜にのせ、
ひと口、ふた口でほおばれるくらいのサイズに包んでいただきます。
シンプルだけれど、飽きないおいしさ。
豚肉は肩ロース肉とバラ肉のふたつの違った部位を用意し、ご飯もセット。
ご飯も一緒に包んで食べるのがおすすめ！

材料 6人分

- ●ゆで豚
  - 豚肩ロース肉（かたまり） 500g
  - 豚バラ肉（かたまり） 500g
  - にんにく 1かけ
  - しょうがの皮 1かけ分
  - 赤唐辛子 1本
  - 酒 ⅓カップ
  - 塩 小さじ½
- キャベツ ½個
- 白菜 中9枚
- 貝割れ菜 2パック
- エゴマの葉 20枚
- 白菜キムチ 400g
- ヤンニョンジャン
  （韓国薬味しょうゆだれ。市販）
  適量
- ご飯 適量

作り方

1 ゆで豚を作る。豚肉は室温に戻す。鍋に豚肉、にんにく、しょうがの皮、赤唐辛子を入れ、水4カップを加えて火にかける。煮立ったら酒と塩を加え、ふたをして弱火で40分ほどゆでる。

2 肩ロース肉だけをいったんとり出し、再びふたをしてさらに20～30分ゆで、火を止める。肩ロース肉を戻し入れてふたをし、そのまま冷ます。

3 キャベツは半分に切り、白菜は長さを半分に切る。それぞれたっぷりの熱湯でしんなりするまでゆで、ザルに広げて粗熱をとり、水気を拭く。

4 貝割れ菜は根元を切り落とす。キムチは3cm長さに切る。

5 2のゆで豚を1cm厚さに切って器に盛り、3、貝割れ菜、エゴマの葉を添える。キムチとヤンニョンジャン、ご飯も添える。

6 キャベツまたは白菜にエゴマの葉と貝割れ菜をのせ、ご飯、ゆで豚、キムチ、ヤンニョンジャンをのせ、包んでいただく。

持ち寄りMEMO

ゆで豚2種は切り分けて保存容器に入れ、野菜類、ご飯はそれぞれ別の容器に入れる。白菜キムチ、ヤンニョンジャンは保存瓶に入れる。大きなカゴやバスケット、箱などがあれば詰め合わせて持っていく。

おもてなし肉料理

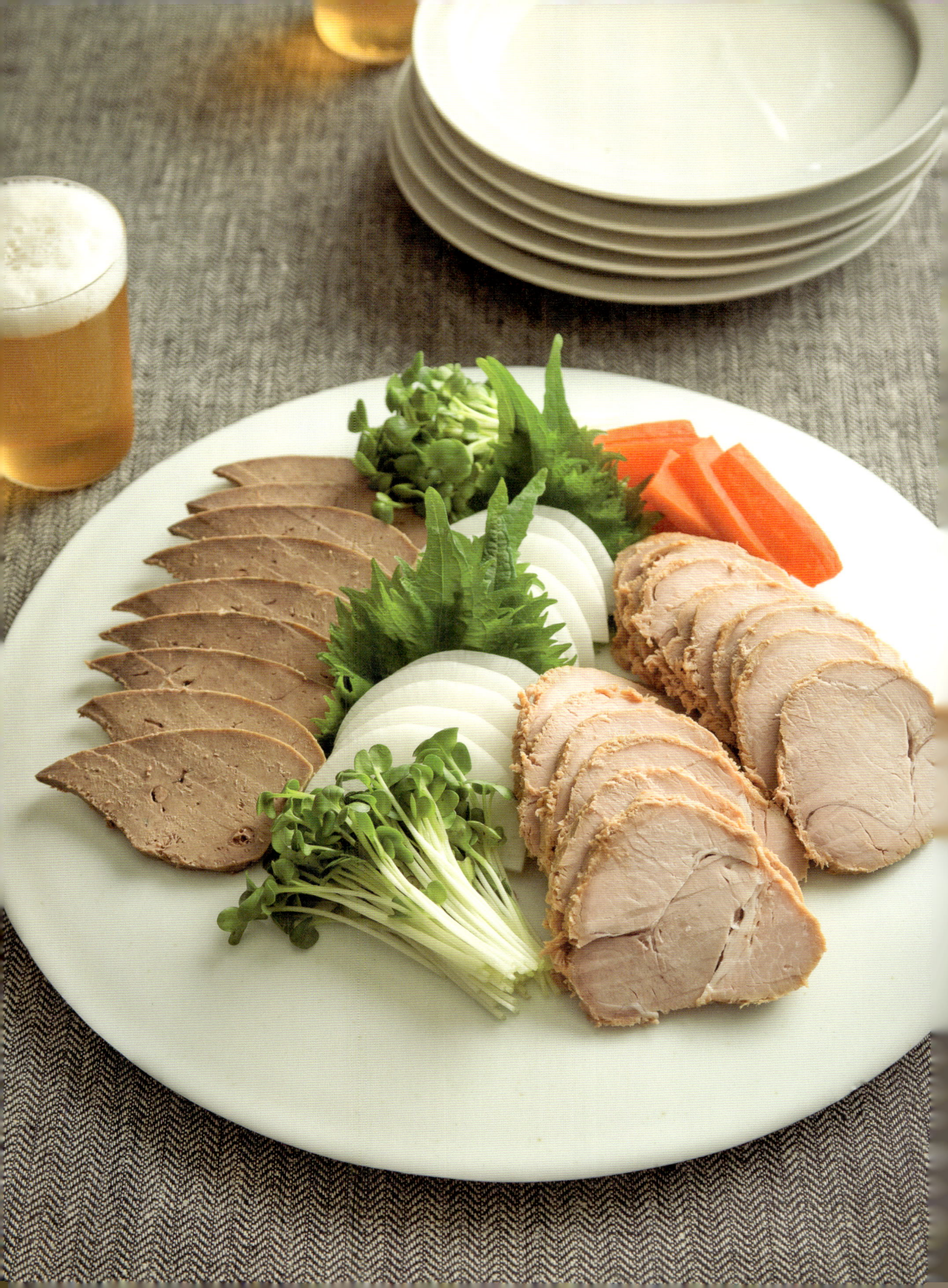

保存袋にみそ床を入れ、ひとつには豚肉とにんじん、ひとつには豚レバーを入れ、この状態で冷蔵庫へ。

1　豚肉は室温に戻す。豚レバーは水を替えながら1時間ほど冷水に浸し、水気をきる。
2　豚肉とレバーを別の鍋に入れ、それぞれ香味野菜、水4カップ、酒大さじ3、塩小さじ½（各分量外）を加え、火にかける。煮立ったら火を弱めてふたをし、30分ほどゆでる。火を止めてそのまま冷ます。
3　にんじんは半分の長さに切る。
4　みそ床の材料は混ぜ合わせる。
5　保存袋ふたつに4のみそ床を½量ずつ入れ、ひとつには豚肉とにんじん、もうひとつにはレバーを入れ、空気を抜きながら密封する。冷蔵庫に入れて1晩〜2晩漬け込む。
6　豚肉はタコ糸があればとり除き、みそを拭きとり、薄切りにする。レバーは水でさっと洗い、薄切りにする。にんじんは水で洗い、縦半分に切ってから縦1㎝幅に切る。
7　大根は5㎜厚さの半月切りにし、貝割れ菜は根元を切り落とす。
8　器に6、7、青じそを彩りよく盛り合わせる。

豚肉とレバーのみそ漬け

豚肩ロース肉と豚レバー、ふたつのおいしさが楽しめる自家製みそ漬けです。
時間のあるときに作っておけるのが魅力。にんじんやごぼうなどの根菜を一緒に漬けるのもおすすめ。
お出しするときは、生野菜と一緒に盛りつけて彩り華やかに。

材料6〜8人分
豚肩ロース肉（かたまり）
　300g×2本
豚レバー（かたまり）　300g×2個
香味野菜（長ねぎの青い部分、
　しょうがの皮など）　適量
にんじん　1本
●みそ床
　みそ　300g
　みりん　大さじ3
　酒　大さじ2
　ごま油　大さじ2
　しょうがのすりおろし　小さじ1
　こしょう　少々
大根　10㎝
貝割れ菜　2束
青じそ　20枚

🔲 持ち寄りMEMO

保存容器に薄切りにした豚肉とレバーを並べて入れ、にんじん、大根、貝割れ菜、青じそも入れる。にんじんや大根もすぐに食べられるように切ってから詰める。

おもてなし肉料理　53

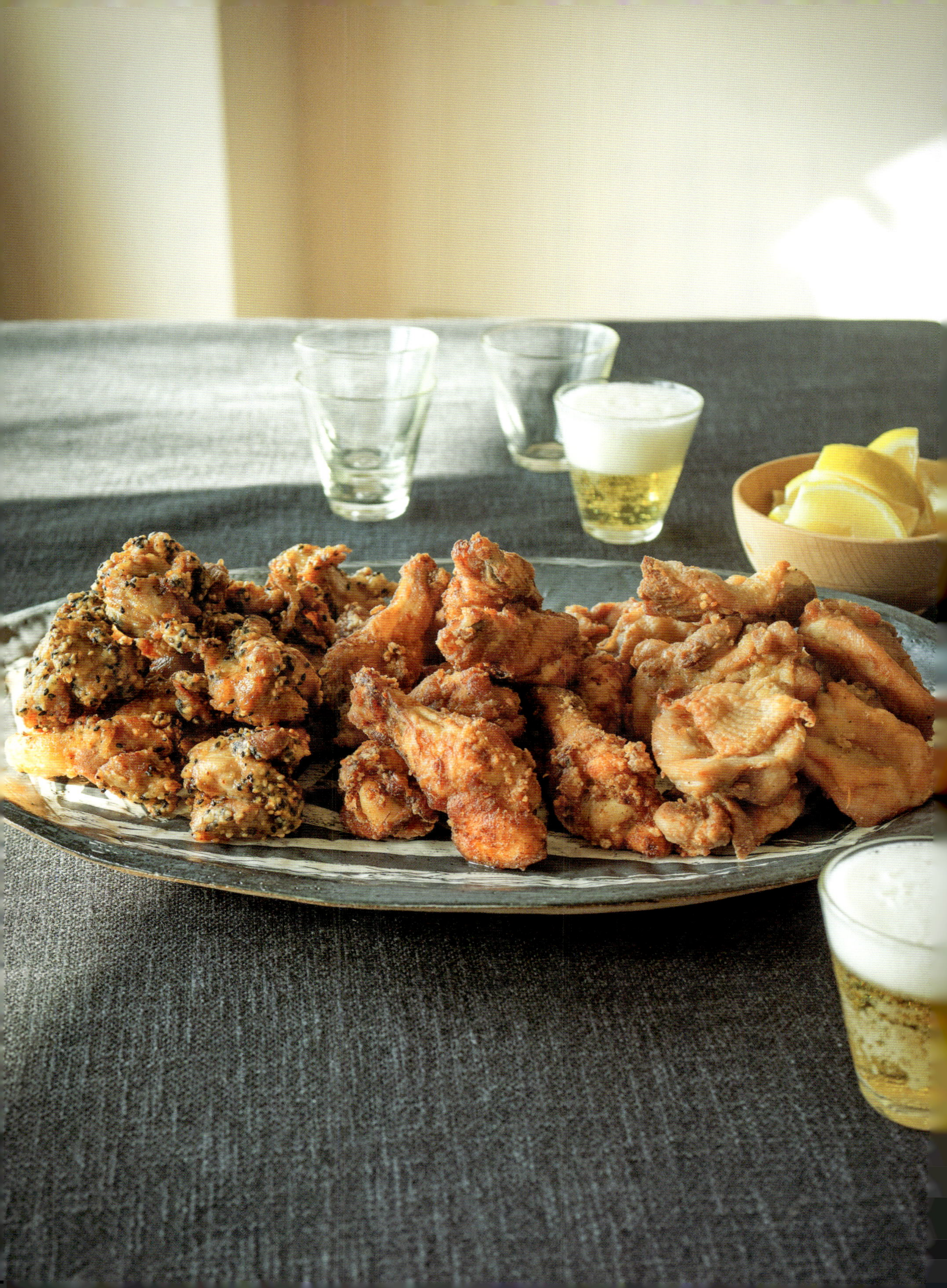

鶏のから揚げ 3種盛り

人気の定番から揚げは、やっぱりみんな大好きで、
揚げたてアツアツをテーブルに出すと、歓声が上がります。そこで
わたしはちょっぴりひとひねりし、3つの味のから揚げをラインナップ。
部位も、もも肉と手羽元の2種類を使用します。
あまり奇をてらわない、それが売り切れ続出のポイントです。

スタンダードから揚げの下味は、酒、しょうゆ、塩、粗びき黒こしょう、レモン汁。

ピリ辛風味から揚げの下味は、にんにくのすりおろし、しょうがのすりおろし、酒、しょうゆ、粉唐辛子、ごま油。

ごま風味から揚げの下味は、酒、しょうゆ、おろししょうが、ごま油、粗びき黒こしょう、粉唐辛子。ごまは卵衣とともにあとでからめる。

材料 6〜8人分

●スタンダード
鶏もも肉　大3枚
下味A[酒大さじ2　しょうゆ大さじ½　塩小さじ1　粗びき黒こしょう少々　レモン汁大さじ1]
薄力粉　適量

●ピリ辛風味
鶏手羽元　12本
下味B[にんにくのすりおろし½かけ分　しょうがのすりおろし小さじ1　酒、しょうゆ各大さじ2　粉唐辛子小さじ⅓　ごま油大さじ1]
片栗粉　適量

●ごま風味
鶏もも肉　大3枚
下味C[酒、しょうゆ各大さじ2　しょうがのすりおろし小さじ1　ごま油大さじ1　粗びき黒こしょう少々　粉唐辛子小さじ½]
溶き卵　½個分
片栗粉　大さじ4
白炒りごま　大さじ4
黒炒りごま　大さじ3

揚げ油　適量
カットレモン　2個分

1　鶏もも肉はすべて余分な皮と脂をとり、皮を下に横長におき、筋を切るように5〜6本浅く切り込みを入れて縦ふたつに切り、3等分の長さに切る。

2　ボウル3個にスタンダード、ピリ辛風味、ごま風味の下味A、B、Cの材料をそれぞれ入れて混ぜ合わせ、スタンダードとごま風味には1を入れ、ピリ辛風味には手羽元を入れ、手でもむようにしてからめる。30分〜1時間おいて下味をつける。

3　スタンダードから揚げを作る。2の鶏肉の水気を拭いて薄力粉を薄くまぶす。揚げ油を中温に熱して鶏肉を入れ、弱火で5分ほど揚げ、最後に油の温度を上げてカリッとさせてとり出す。

4　ピリ辛風味から揚げを作る。2の手羽元の水気を拭いて片栗粉をまぶし、余分な粉をはたき落とす。3の揚げ油に入れて弱火で5〜6分揚げ、最後に油の温度を上げてカリッとさせてとり出す。

5　ごま風味から揚げを作る。2のボウルに溶き卵を入れ、片栗粉、ごま2種類を加えて混ぜ合わせる。4の揚げ油に入れて弱火で5分ほど揚げ、最後に油の温度を上げてカリッとさせてとり出す。

6　器に3、4、5のから揚げを盛り合わせ、レモンを添える。

持ち寄りMEMO

それぞれのから揚げをワックスペーパーの袋に入れる。レモンは丸ごと持っていき、食べるときに切り分けて添える。

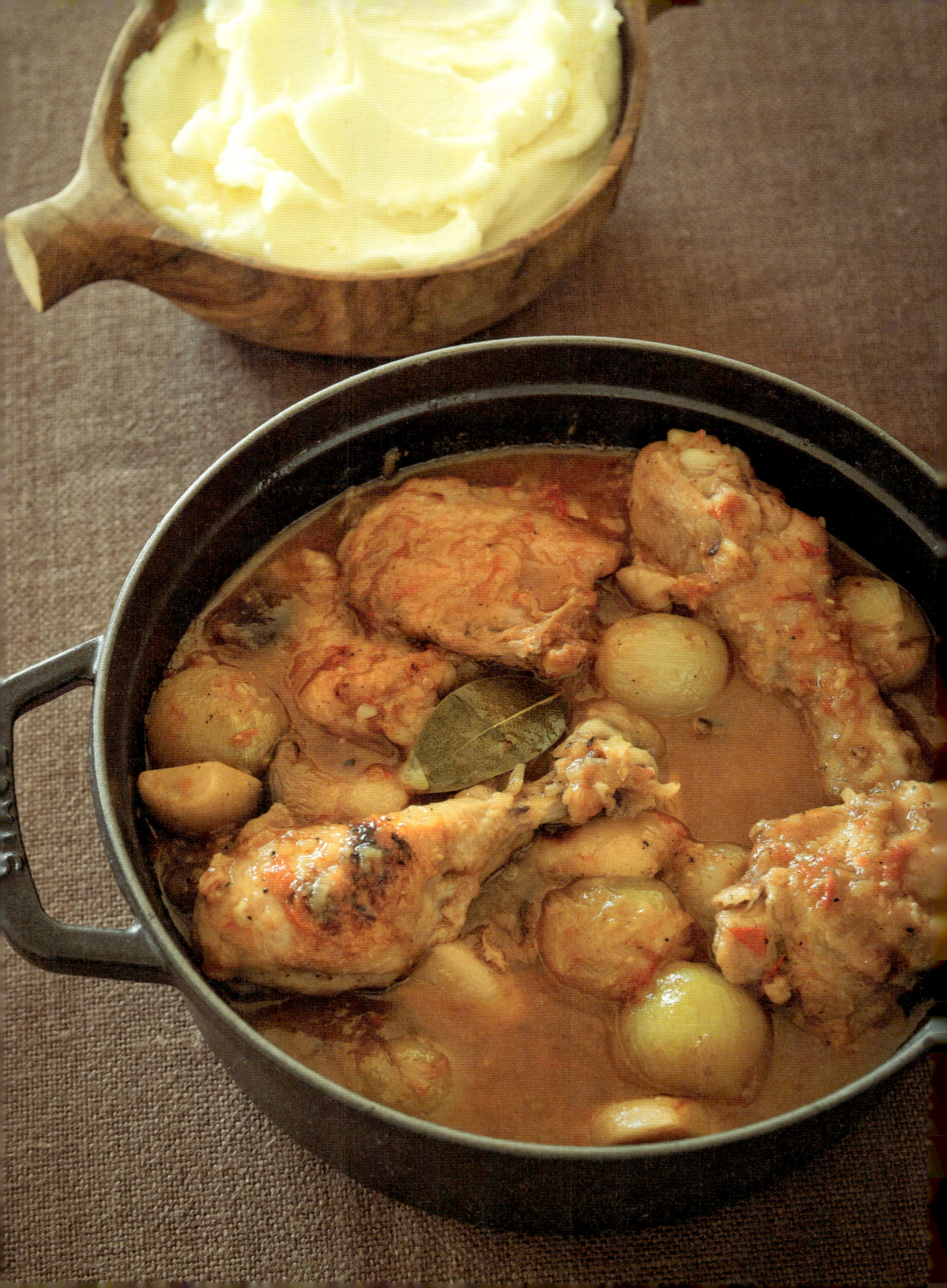

鶏肉のビール煮

ビールで煮込んだ鶏肉は、やわらかくってやさしい味わい。
焼きつけてから鍋に入れるのがポイントです。
つけ合わせるのは、クリーミーなマッシュポテト。
ビール煮のソースと一緒にほおばるのが最高！

材料 6人分
鶏もも骨つき肉　6本
玉ねぎ　大1個
にんにく　大1かけ
小玉ねぎ　20個
エリンギ　2パック
マッシュルーム　200g
トマト　2個
バター　大さじ3
薄力粉　適量
サラダ油　適量
ビール　500ml
ブーケガルニ*　1束
塩、こしょう　各適量
● マッシュポテト
じゃがいも　1kg
牛乳　1カップ
バター　大さじ3
塩　小さじ2/3
こしょう　少々
生クリーム　大さじ4

*ブーケガルニ……パセリの軸、セロリの葉つきの茎、ローリエ、タイムなど数種類のハーブを束ねたもの。市販品もある。

持ち寄りMEMO
鍋ごと風呂敷などに包んで持っていき、温め直す。マッシュポテトは保存容器に入れる。

1　鶏肉は関節のところからふたつに切り、塩小さじ1、こしょう少々をふって20分ほどおく。
2　玉ねぎ、にんにくはみじん切りにする。小玉ねぎは熱湯にさっと通してザルに上げ、皮をむいて上下を切り落とし、根元の部分に十文字の切り込みを入れる。エリンギは食べやすい大きさに切り、マッシュルームは石づきがあれば切り落とす。トマトはヘタと種をとって1cm角に切る。
3　鍋にバターを熱して玉ねぎ、にんにくを炒め、しんなりしたらエリンギ、マッシュルーム、小玉ねぎを加えて炒め合わせ、いったん火を止める。
4　1の鶏肉の水気を拭いて薄力粉を薄くまぶす。フライパンにサラダ油を熱して並べ入れ、両面色よく焼き、3の鍋に移す。
5　鍋を再び火にかけ、ビールを注ぎ入れ、煮立ったら弱火にし、トマト、ブーケガルニ、塩小さじ1、こしょう少々を加える。途中上下を返しながら40分ほど煮込み、塩、こしょうで味を調える。
6　マッシュポテトを作る。じゃがいもは皮をむいて1cm厚さの半月切りにし、水に10分ほどさらして水気をきる。ひたひたの水とともに鍋に入れてゆで、ザルに上げてゆで汁をきる。鍋にじゃがいもを戻し入れて再び火にかけ、上下を返しながら余分な水気を飛ばす。熱いうちに裏ごしする。
7　6の鍋に牛乳、バター、塩、こしょうを入れて火にかけ、煮立ったら6のじゃがいもを戻し入れてなめらかになるまで木しゃもじなどで混ぜ、生クリームを加えて混ぜ合わせる。
8　5を鍋ごとテーブルに出し、マッシュポテトを添える。

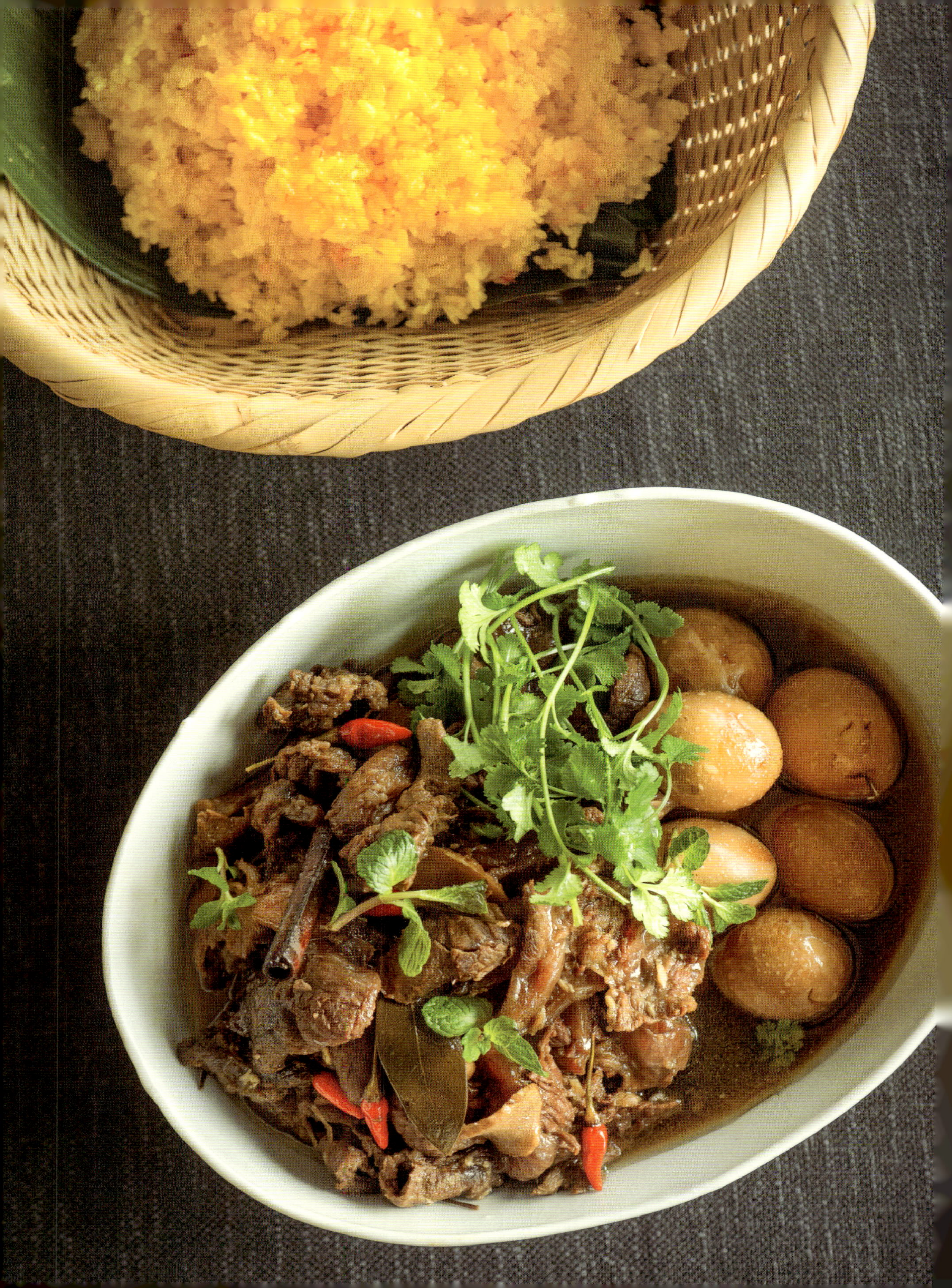

牛すじの
エスニック煮込み

にんにくや赤唐辛子、シナモン、レモングラス、
黒砂糖などを入れて煮込むのが特徴。
コトコト煮込んだ牛すじは、クセがなくてやわらかくって
この上ないおいしさ。牛すじが苦手な人にも好評です。
一緒に煮たゆで卵も、しっかりと味がしみていて美味！

持ち寄りMEMO

牛すじのエスニック煮込み、サフランライスをそれぞれ保存容器に詰める。ミントと香菜は好き嫌いがあるので別容器に入れる。サフランライスなどのご飯を詰めるときは、笹や葉蘭などを敷くと彩りがよくなり、よりおいしそうに見える。

材料 6〜8人分
牛すじ　1.2kg
酒　½カップ
にんにく　2かけ
しょうがの薄切り　1かけ分
シナモンスティック　2本
ローリエ　2枚
赤唐辛子　小6〜7本
レモングラス　5〜6cmのもの6本
黒砂糖　60〜80g
ナンプラー　大さじ4
しょうゆ　大さじ4
ゆで卵　8個
ミント、香菜　各適量
●**サフランライス**
　米　3カップ
　サフラン　小さじ½〜1

1 鍋にたっぷりの湯を沸かし、牛すじを入れて混ぜ、煮立ったら火を弱めて5分ほどゆでる。ザルに上げてゆで汁をきり、よく洗い、脂肪はとり除く。大きなものは4〜5cm長さに切る。

2 鍋をきれいにして1を戻し入れ、水3〜4カップを注いで火にかけ、煮立ったら酒、にんにく、しょうが、シナモンスティック、ローリエ、赤唐辛子、レモングラスを入れてふたをし、弱火で1時間ほど煮込む。

3 2にゆで卵と黒砂糖を加えて10分ほど煮、ナンプラー、しょうゆを加えてさらに20〜30分煮込む。

4 サフランライスを作る。米は洗ってザルに上げ、水気をきる。炊飯器または鍋に米を入れ、水3カップ、サフランを加えて混ぜ、ふたをして普通に炊く。

5 器に3の煮込みを盛り、ミントと香菜をちぎって散らす。サフランライスを添える。

おもてなし肉料理

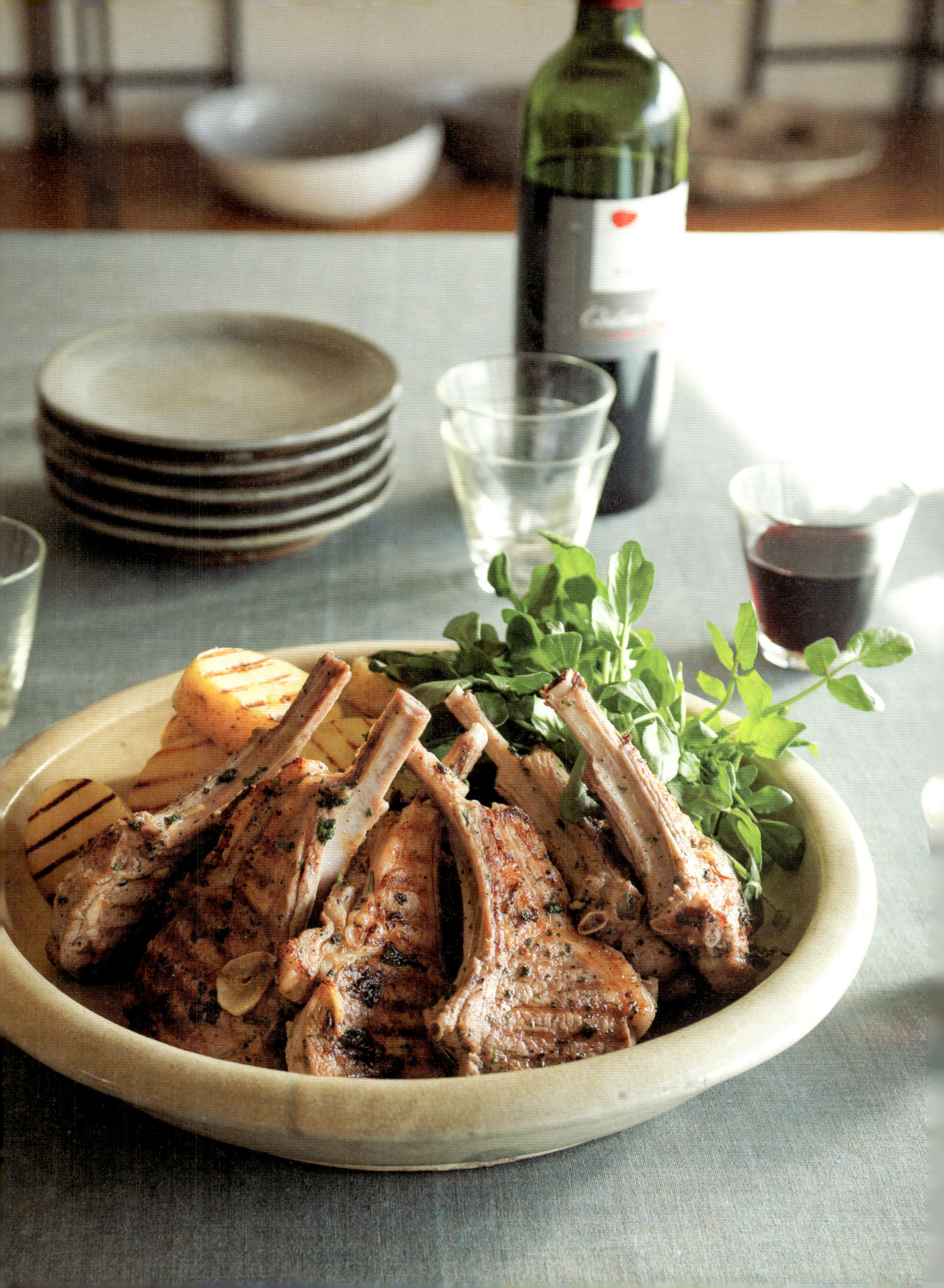

ラムチョップと
じゃがいものグリル

ラムはにんにく、しょうが、ハーブ、白ワイン、レモン、オリーブオイルでマリネしておく。

グリルパンで両面香ばしく焼く。焼き加減は好みでOK。マリネしておくと、しっかり焼いてもやわらか。

ラムと相性のよいローズマリーとタイム、にんにく、オリーブオイルでマリネしておくのがポイント。
グリルパンで余分な脂を落としながら焼き上げるとラムのクセがやわらぎ、おいしさが際立ちます。
じゃがいもも香ばしくグリルして、ラムと一緒に楽しみます。

材料 6人分
ラムチョップ　12本
●ラムの下味
　塩　小さじ2
　こしょう　少々
●マリナード
　にんにく　2かけ
　しょうが　1かけ
　ローリエ　2枚
　ローズマリー　適量
　タイム　少々
　パセリのみじん切り　大さじ2
　レモン　1/2個
　白ワイン　大さじ3
　オリーブオイル　大さじ6
じゃがいも（メークイン）　4個
オリーブオイル　大さじ1
塩、こしょう　各少々
クレソン　適量

1 ラムは両面に塩、こしょうをふる。
2 にんにくは薄切りにし、しょうがはせん切りにし、ローリエは手でちぎる。レモンは薄い半月切りにする。
3 バットに1のラムを入れ、2、ローズマリー、タイム、パセリ、白ワイン、オリーブオイルを加えて手でよく混ぜ、冷蔵庫に入れて2〜3時間マリネする。
4 じゃがいもは皮つきのまま洗い、ひたひたの水とともに鍋に入れてふたをして火にかけ、煮立ったら火を弱めて30分ほどややかためにゆでる。ゆで汁をきって皮つきのまま1.5cm厚さの輪切りにする。
5 グリルパンにオリーブオイルをなじませ、4のじゃがいもをのせて強火で両面を焼きつけ、焼き色がついたら塩、こしょうをふってとり出す。
6 5のグリルパンに3のラムをのせ、フライ返しなどで押さえながら3〜4分焼く。焼き色がついたら裏に返し、フライ返しなどで押さえながら焼き上げる。
7 器にラムとじゃがいもを盛り、クレソンを添える。

おもてなし肉料理

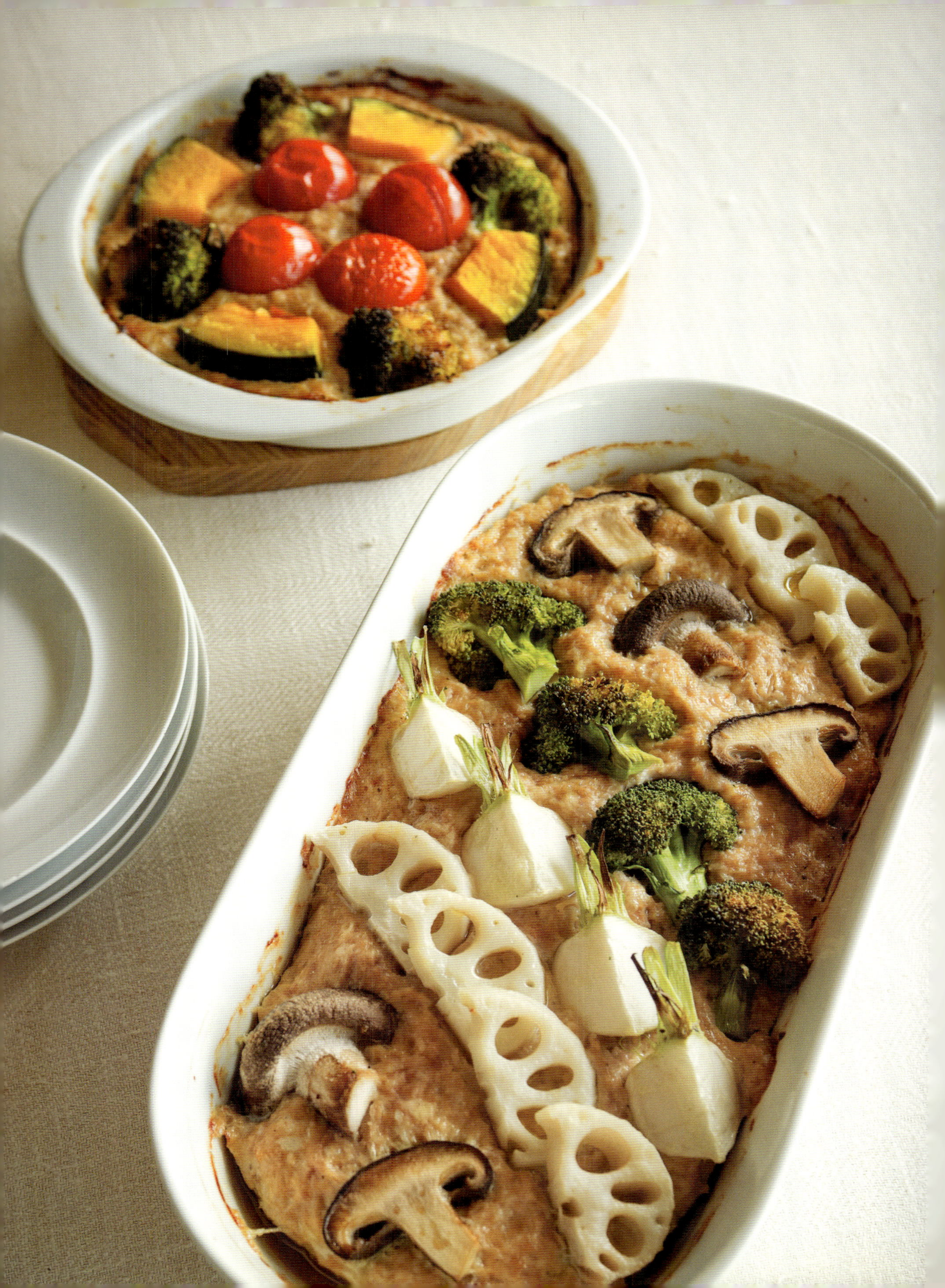

材料 6〜8人分
●ひき肉ダネ
鶏ひき肉　800g
玉ねぎ　1個
バター　大さじ1
生パン粉　1カップ
牛乳　1/3カップ
卵　1個
酒　大さじ2
みそ　大さじ3
塩　小さじ1/2
しょうがのすりおろし　小さじ1
こしょう　少々

生しいたけ　2〜3個
かぶ　小1個
ブロッコリー　小8房
れんこん　8mm厚さの半月切り7〜8枚
かぼちゃ　1cm厚さのくし形切り1枚
ミニトマト　2個
薄力粉　適量
サラダ油　適量

おもてなし肉料理 ● 63

ひき肉の和風オーブン焼き

ひき肉は鶏ひき肉、味つけは酒とみそ、しょうがのすりおろし。
和風テイストの簡単ミートローフといったところです。
大きいサイズは根菜やしいたけを使った大人向け、
小さいサイズはミニトマトとかぼちゃを使った子供向け。
野菜の形がアクセントになり、見た目の楽しさも人気です。

1 ひき肉ダネを作る。玉ねぎはみじん切りにし、バターを熱したフライパンでしんなりとするまで炒める。パン粉は牛乳を加えてしとらせる。

2 ボウルにひき肉ダネのすべての材料を入れ、手で粘りが出るまでよく混ぜ合わせる。

3 しいたけは石づきをとって縦半分に切る。かぶは縦4つ割りにする。かぼちゃはひと口大に切り、ミニトマトはヘタをとって縦半分に切る。

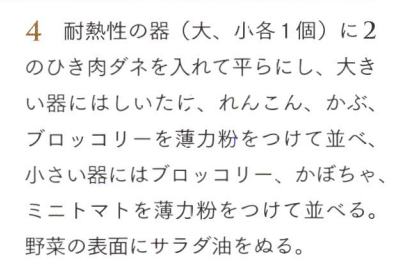

4 耐熱性の器（大、小各1個）に2のひき肉ダネを入れて平らにし、大きい器にはしいたけ、れんこん、かぶ、ブロッコリーを薄力粉をつけて並べ、小さい器にはブロッコリー、かぼちゃ、ミニトマトを薄力粉をつけて並べる。野菜の表面にサラダ油をぬる。

5 200℃のオーブンで30分ほど焼く。

持ち寄りMEMO
オーブンで焼いたら粗熱をとり、薄い経木をふた代わりにのせ、バスケットなどに入れて持っていく。ふたつの器を重ねて持っていく場合は、間に板などをかませるとよい。

ひき肉ダネの上に野菜を並べ、野菜にサラダ油をぬってオーブンで焼く。野菜は好みのものを使ってよい。

夏野菜の
ひき肉包み揚げ

オクラ、谷中しょうが、みょうが、ヤングコーン、ミニトマト……、
夏の野菜にひき肉ダネを纏わせて、揚げ油の中へ。
揚げていくうちに、野菜はそれぞれの色を強くし、ひき肉はきつね色に。
大皿に盛り合わせるとなんともカラフル。
ほどよく味がついているから、柑橘をギュッと絞ってそのままいただきます。

おもてなし肉料理 ● 65

おつまみにするもよし、ご飯を添えておかずにするもよし。冷めてもおいしいのが魅力。

材料 6〜8人分
● ひき肉ダネ
　鶏ひき肉　1kg
　長ねぎのみじん切り　1本
　しょうがのすりおろし　小さじ2
　酒　大さじ3
　ナンプラー　大さじ3
　塩　小さじ½
　こしょう　少々
　片栗粉　大さじ2
谷中しょうが　4本
みょうが　4個
万願寺唐辛子　4本
オクラ　4本
ミニトマト　4個
のびる　4個
なす(細長いもの)　2本
ヤングコーン　4本
片栗粉　適量
揚げ油　適量
レモン、かぼす、ライムなど　適量

1　谷中しょうがは茎を短く切る。みょうがは穂先の方に十文字の切り込みを入れる。万願寺唐辛子とオクラは包丁の先で縦に1本切り込みを入れる。ミニトマトは熱湯にさっと通して冷水にとって冷まし、皮をむく。のびるは茎を残して葉先を切る。なすはヘタをつけたままピーラーで縞目に皮をむき、半分の長さに切る。
2　ボウルにひき肉ダネのすべての材料を入れ、手で粘りが出るまでよく混ぜ合わせる。40〜60gに分ける。
3　1とヤングコーンの表面に片栗粉をまぶす。
4　水で濡らした手で2のひき肉を広げ、3をひとつずつのせて張りつけるようにして包み込み、水で濡らした手で表面をなめらかにする。
5　揚げ油を中温に熱して5を5〜6個入れ、弱火で3〜4分揚げる。最後に油の温度を上げてカリッとさせてとり出す。残りも同様にして揚げる。
6　5を器に盛り、レモン、かぼす、ライムなどをくし形に切って添える。

野菜をひき肉ダネで包む。なんの野菜が包まれているかわかるように、野菜の一部は見せるようにする。

🍱 持ち寄りMEMO

アジロ編みの竹のお弁当箱などに薄い経木を敷き、夏野菜のひき肉包み揚げを並べて詰める。柑橘も添えて。

おもてなし魚料理

材料 6人分
めばる（下処理をしたもの*）
　1尾
いさき（下処理をしたもの*）
　1尾
魚の下味
● 塩　小さじ1〜1⅓
　こしょう　少々
　酒　大さじ4

にんにく　2かけ
長ねぎ　2本
しょうが　大1かけ
赤唐辛子　1〜2本
塩、こしょう　各少々
ごま油　大さじ3
香菜　1束

＊下処理……うろことえらをとり、腹に切り込みを入れて内臓をとり出し、腹の中を水でよく洗って水気を拭く。鮮魚店やスーパーの鮮魚売り場でやってもらっても。

魚の中華セイロ蒸し

尾頭つきの魚はそれだけでダイナミックな印象があるので
人が集まるときにおすすめ。そして調理が簡単といえば、セイロ蒸し。
下処理をした一尾魚をセイロに入れ、長ねぎ、しょうが、にんにくをのせて蒸し上げるだけ。
湯気の立ちのぼるセイロをそのままテーブルに！
違う魚を2尾使うと、味の違いが楽しめてお得な気分です。

1　下処理をしためばる、いさきは両面に浅く斜めに切り込みを5〜6本入れる。バットに入れ、両面に塩、こしょう、酒をふって下味をつける。
2　にんにくは薄切りにする。
3　長ねぎは縦半分に切って黄色い芯の部分を除き、斜めせん切りする。しょうがはせん切りにする。赤唐辛子は種をとって斜め輪切りにする。
4　セイロに入るサイズの皿にめばるといさきを並べ、にんにくを散らし、3を混ぜ合わせてたっぷりのせ、塩、こしょうをしてごま油をふる。
5　セイロに4をのせ、蒸気の上がった状態で強火で20分ほど蒸し、魚に火を通す。
6　香菜をざく切りにしてのせ、セイロごと供する。

セイロから出して供する場合は、蒸す前にかたく絞ったぬれ布巾（またはさらし、手ぬぐいなど）を器の下に敷いておくと、器がとり出しやすい。

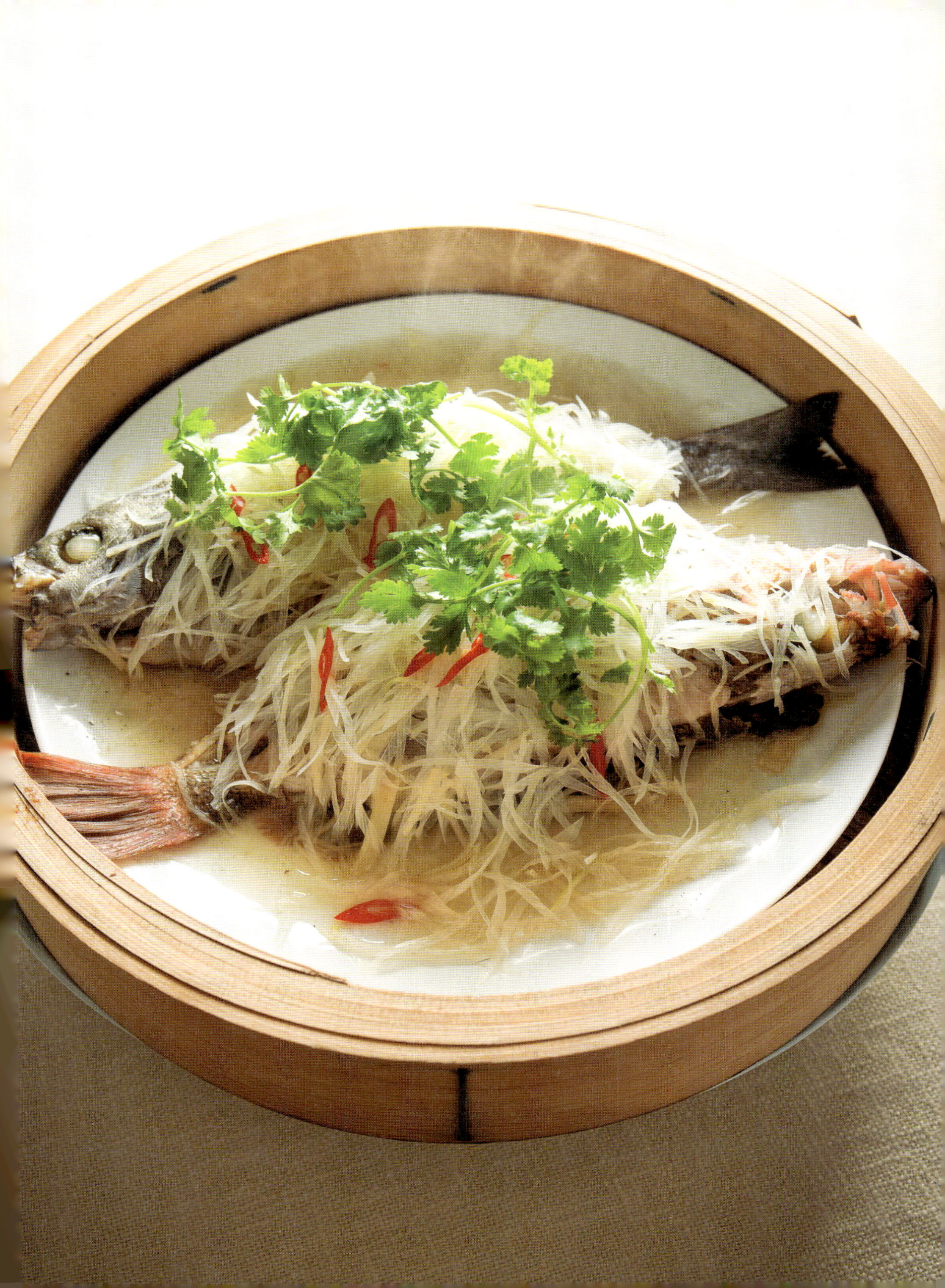

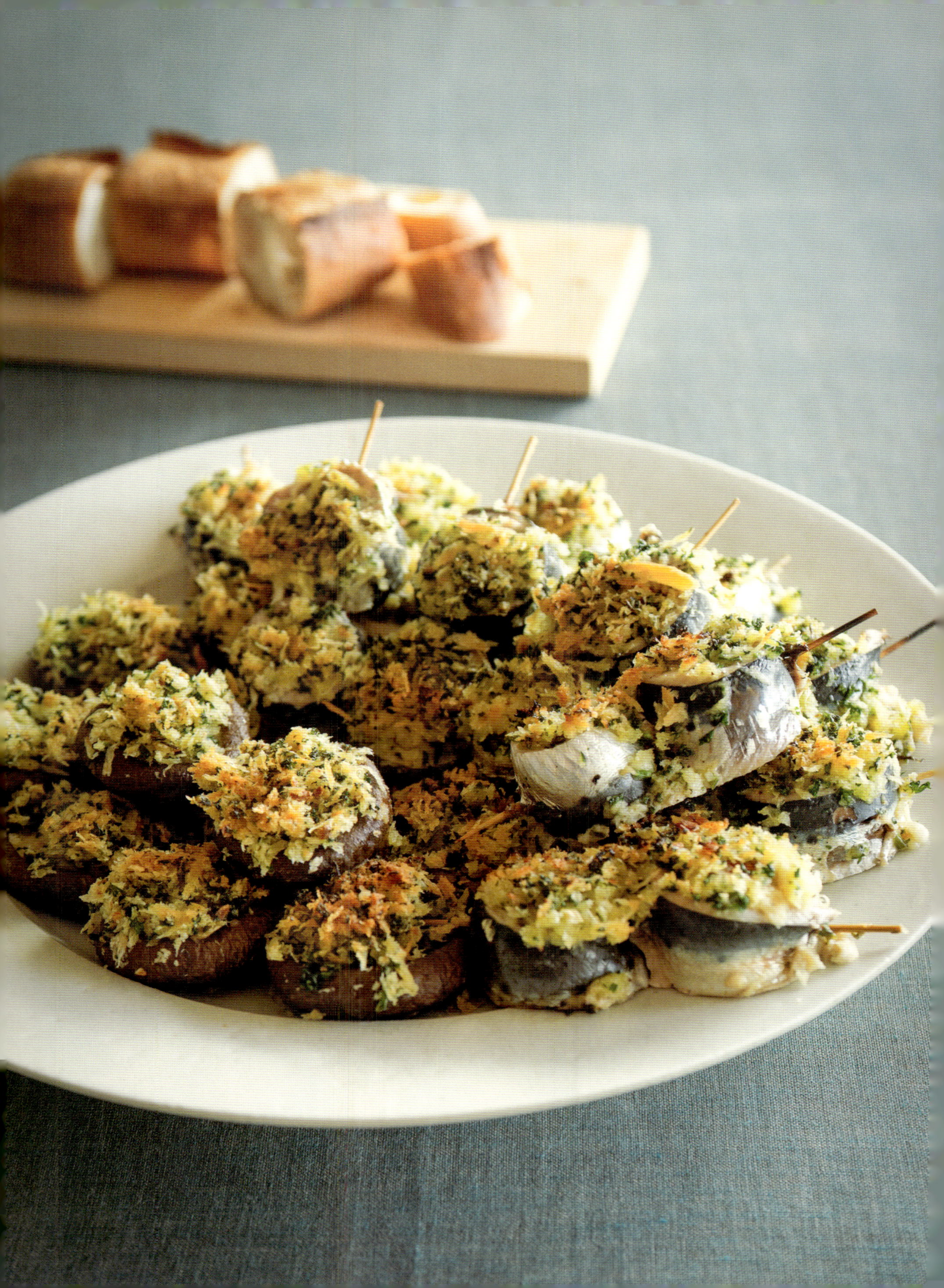

いわしの香草パン粉焼き

脂ののったいわしをサクサクの香草パン粉とともにいただく、白ワインに合う逸品です。
いわしだけでもおいしいですが、ここではミニトマトにクルッと巻きつけ、ボリューム＆味わいアップ。
あじやえび、いかなどを使っても同様に作れます。
残りがちな香草パン粉は、しいたけにのせて一緒に焼くとおいしい！

材料 6人分
いわし（3枚におろしたもの）
　大12尾分
塩、こしょう　各少々
ミニトマト（赤、黄）　各12個
生しいたけ　大12個
●香草パン粉
　生パン粉　120g
　にんにくのみじん切り　2かけ分
　パセリのみじん切り　大さじ8
　塩　小さじ½
　こしょう　少々
　オリーブオイル　大さじ6

1　いわしは腹骨をそぎとり、両面に塩、こしょうをふる。
2　ミニトマトはヘタをとる。しいたけは軸をとる。
3　ミニトマト1個にいわし1枚を巻きつけ、2個ずつ竹串で刺す。
4　ボウルに香草パン粉の材料をすべて入れ、混ぜ合わせる。
5　天板にオーブンシートを敷いて3を並べ、しいたけを内側を上にして並べる。香草パン粉をたっぷりとのせる。
6　250℃のオーブンで、香草パン粉がきつね色になるまで20分ほど焼く。

いわしの巻き終わりの部分に竹串を刺すと、焼いても形がくずれない。

香草パン粉をたっぷりとのせてオーブンへ。しいたけにものせて一緒に焼く。

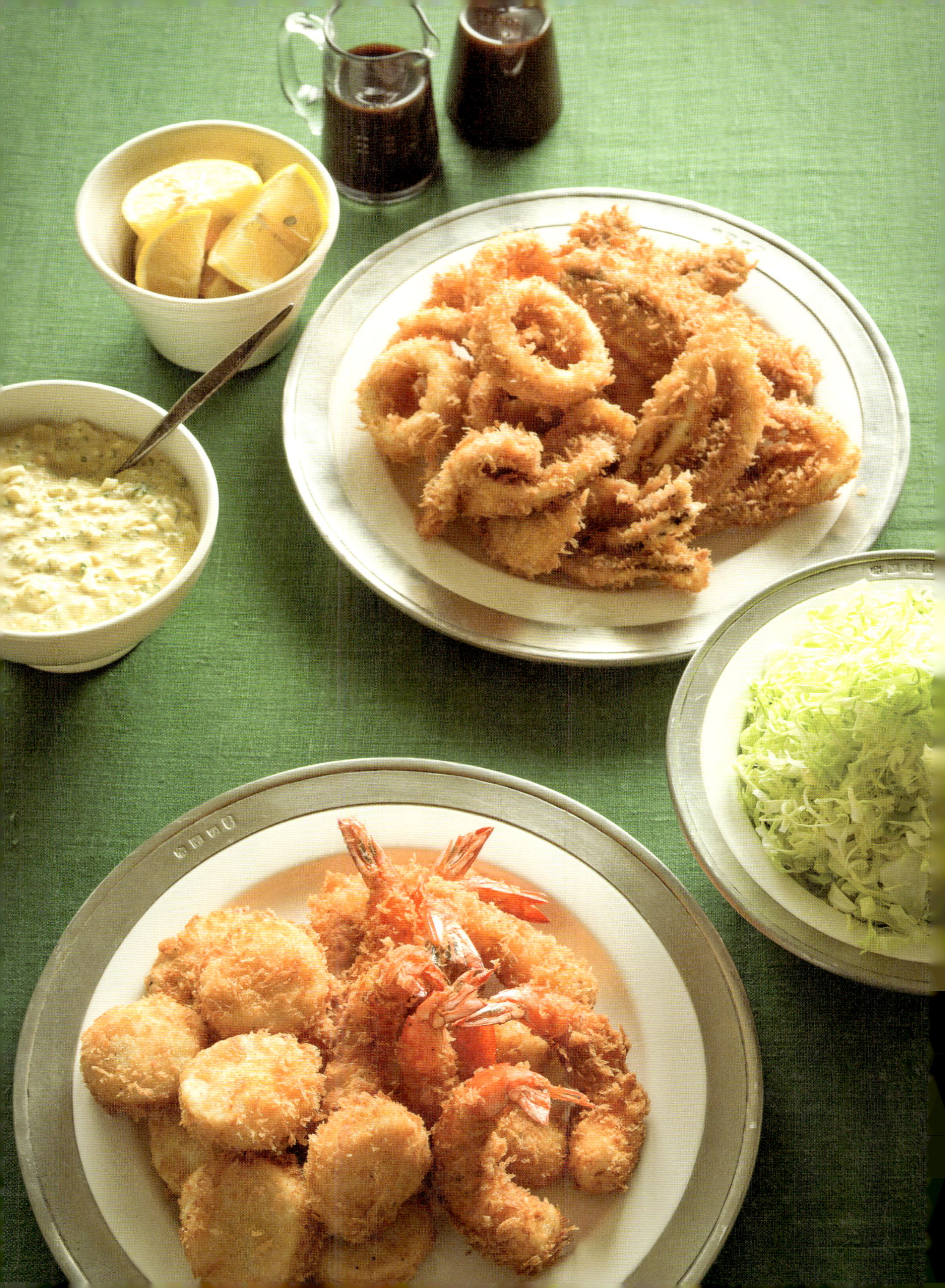

材料 6人分
えび（無頭、殻つき）　大10尾
帆立て貝柱　10個
あじ（3枚におろしたもの）　4尾分
いか　2はい
塩、こしょう　各適量
薄力粉、溶き卵、生パン粉　各適量
揚げ油　適量

● **タルタルソース**
ゆで卵　3個
マヨネーズ　100g
玉ねぎ　小½個
きゅうりのピクルス　小4本
パセリのみじん切り　大さじ4
塩　小さじ⅓
こしょう　少々
カットレモン　1個分
キャベツのせん切り　½個分
ウスターソース、中濃ソース　各適量

シーフードミックスフライ

えび、帆立て貝柱、いか、あじのフライを盛り合わせた、テンションの上がる人気の定番。
冬ならかき、春ならわかさぎ……と旬の素材をプラスしても。せん切りキャベツとタルタルソースを
たっぷり用意し、ウスターソースと中濃ソースも！　ご飯を炊いておくのも忘れずに。

1　えびは洗って水気を拭き、尾の最後の2節を残して殻をむき、尾の先を切り落とす。背ワタをとり、腹に4〜5本の浅い切り込みを入れる。
2　貝柱は厚いものは半分の厚さに切る。あじは腹骨をそぎとる。
3　いかは足を抜いて内臓と軟骨をとり、水で洗って皮をむく。胴は1.5cm幅の輪切りにし、エンペラは半分に切る。足は内臓を切り落としを口ばしを除き、足先を少し切り落とし、2〜3本ずつにする。

4　えび、貝柱、あじ、いかに塩、こしょうをふり、薄力粉、溶き卵、パン粉の順に衣をつける。
5　タルタルソースを作る。ゆで卵は粗みじんに切り、玉ねぎはみじん切りにして布巾やさらしに包み、水にさらして水気を絞る。ピクルスはみじん切りにする。タルタルソースのすべての材料をボウルに入れ、混ぜ合わせる。
6　揚げ油を中温に熱し、貝柱、いか、えび、あじの順にきつね色に揚げる。
7　器にフライを盛り合わせ、キャベツ、タルタルソース、レモン、ウスターソース、中濃ソースを添える。

持ち寄りMEMO

シーフードフライは経木に包んで紐などで縛り、竹を編んだお弁当箱などに入れる。タルタルソースとレモン、キャベツは別容器にそれぞれ入れ、ソースは小さいサイズのものをそのまま持っていく。

おもてなし魚料理

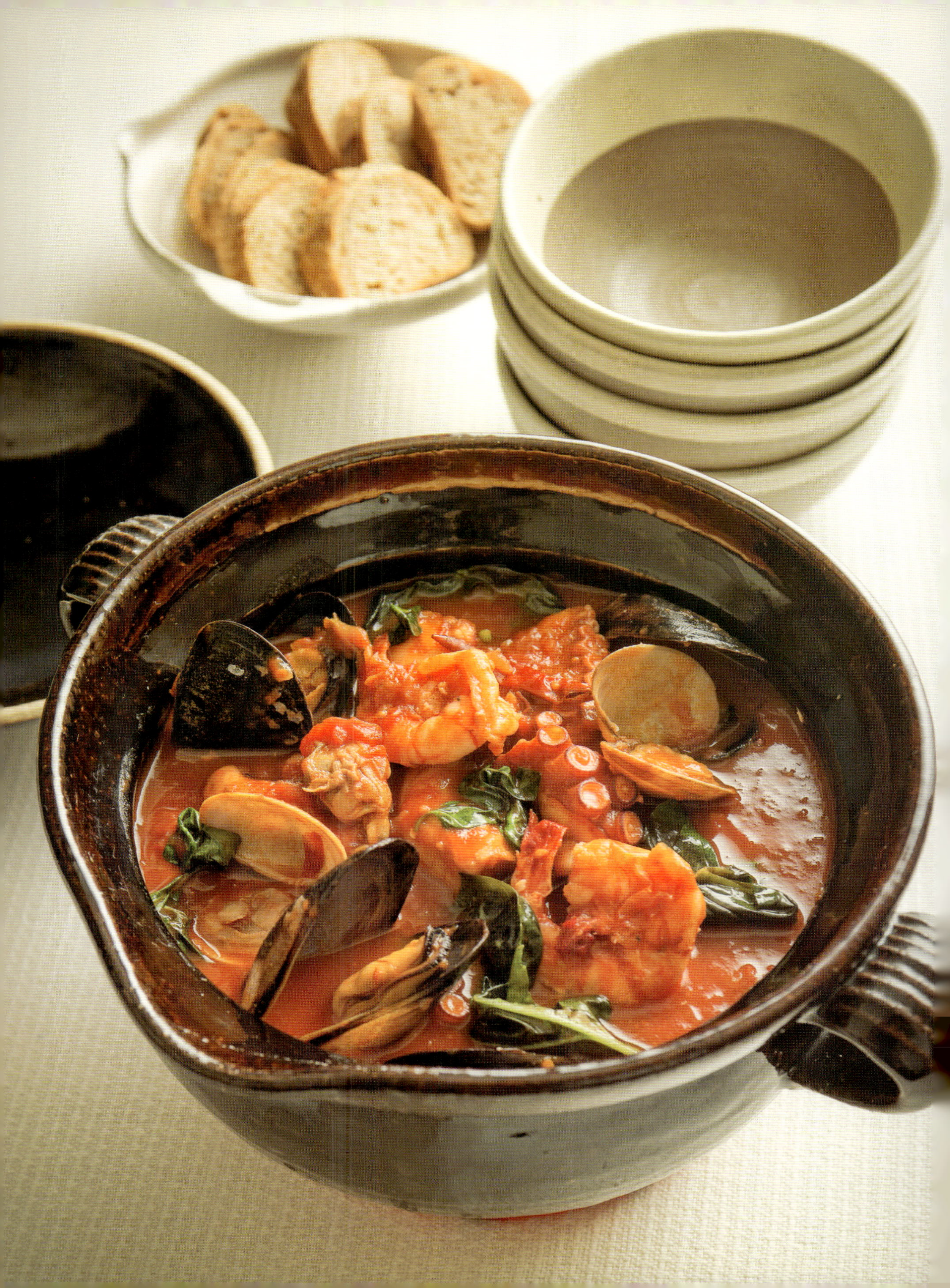

おもてなし魚料理

海の幸のトマトソース煮

材料 6〜8人分
えび（無頭、殻つき）　中12尾
あさり（殻つき）　500g
ムール貝（殻つき）　12個
ゆでだこの足　400g
しめじ　大1袋
オリーブオイル　大さじ2
白ワイン　大さじ3
● トマトソース
　ホールトマト缶　3缶
　オリーブオイル　1/3カップ
　玉ねぎのみじん切り　大1個分
　にんにくのみじん切り　2かけ分
　赤唐辛子　2本
　ローリエ　2枚
　タイム　1枝
　白ワイン　1/2カップ
　砂糖　小さじ1
　塩　小さじ2
　こしょう　少々
塩、こしょう　各少々
バジル、イタリアンパセリ　各適量

えび、あさり、ムール貝、たこ……、4つの魚介のうまみが
溶け合った、ちょっぴり贅沢な煮込み料理です。
えびはオリーブオイルで炒め、あさりとムール貝はワインで蒸し煮し、
素材の持ち味を存分に引き出します。たこはトマトソースに加えて
コトコト煮ることで、深みが出てやわらかな食感に。

1　えびは殻をむいて背ワタをとり、水で洗って水気を拭く。
2　あさりは塩水に入れて砂出しをし、殻をこすり合わせて洗う。ムール貝はヒモなどを骨抜きなどでとり除き、殻をたわしで洗う。
3　たこの足は1本ずつに切り、足先を切り落とし、2〜3等分に切る。しめじは石づきをとってほぐす。
4　トマトソースを作る。ホールトマト缶はボウルに入れて手でつぶす。
5　鍋にオリーブオイルを熱して玉ねぎ、にんにく、しめじを炒め、しめじがしんなりしたら赤唐辛子、ローリエ、タイム、3のたこを入れて炒め合わせ、白ワインをふる。4のホールトマトを加え、煮立ったら砂糖、塩、こしょうを加えて混ぜ、弱火で20分煮込む。
6　1のえびはオリーブオイルを熱したフライパンに入れて強火でさっと炒める。2のあさりとムール貝は鍋に入れて白ワインをふり、殻が開くまで蒸し煮する。
7　5のトマトソースに6を加えて混ぜ、煮立ったら5分ほど煮、塩、こしょうで味を調える。バジル、イタリアンパセリを加えてひと煮する。

お腹が空いた人にはスパゲッティをゆでて、海の幸のスパゲッティに。残ったら次の日にもおすすめ。

にぎやか鍋料理

ゆで豚と白菜漬けの鍋

台湾でよく食べられている「酸菜白肉鍋(サンツァイパイローグォ)」をアレンジ。
本来は酸っぱくなった白菜の古漬けを使いますが、なければ普通の白菜漬けでもOK。
漬けものを入れると発酵成分のおかげでスープにうまみやコクが加わり、クセになるおいしさ。
豚バラ肉と凍り豆腐を入れるのも特徴です。

材料 6人分

●ゆで豚
- 豚バラ肉（かたまり）　600g
- 酒　1/3カップ
- 塩　小さじ1/2
- しょうがの皮　1かけ分
- 長ねぎの青い部分　1本分

白菜漬け　800g

●凍り豆腐
- 木綿豆腐　2丁

- 春雨（乾燥）　100g
- 干しえび　大さじ3
- 鶏ガラスープ　10カップ
- 酒　大さじ3
- 塩　小さじ1

●薬味
- 香菜のざく切り　1束分
- 長ねぎの小口切り　1/2本分
- しょうがのすりおろし　1かけ分
- 豆板醤　適量
- 紅糀の腐乳(べにこうじフニュウ)　4〜5個
- しょうゆ　適量

作り方

1　ゆで豚を作る。豚肉は室温に戻して鍋に入れ、水3〜4カップを加えて火にかけ、煮立ったら酒、塩、しょうがの皮、長ねぎの青い部分を入れる。再び煮立ったら火を弱め、ふたをして1時間ほどゆで、ゆで汁ごと冷まし、冷蔵庫に1晩入れる。かたまった脂をとり除き、薄切りにし、ゆで汁は漉す。

2　凍り豆腐を作る。豆腐はバットに並べて冷凍庫に1晩入れ、凍らせる。解凍して水気を絞り、半分に切ってから1cm厚さに切る。

3　春雨はたっぷりの熱湯で2分ほどゆで、ザルに上げてゆで汁をきり、食べやすい長さに切る。

4　白菜漬けは水気を絞り、食べやすい長さに切って縦細切りにする。

5　干しえびはひたひたの水に30分ほど浸して戻す。

6　土鍋に鶏ガラスープ、1のゆで汁、干しえびを戻し汁ごと入れて火にかけ、煮立ったら酒、塩で調味する。1〜4を入れて煮る。

7　煮えたものから器にとり、好みで薬味やしょうゆを加えていただく。

鍋のあとは、ご飯に煮汁をかけて汁かけご飯に。粗びき黒こしょうをふるとおいしい。

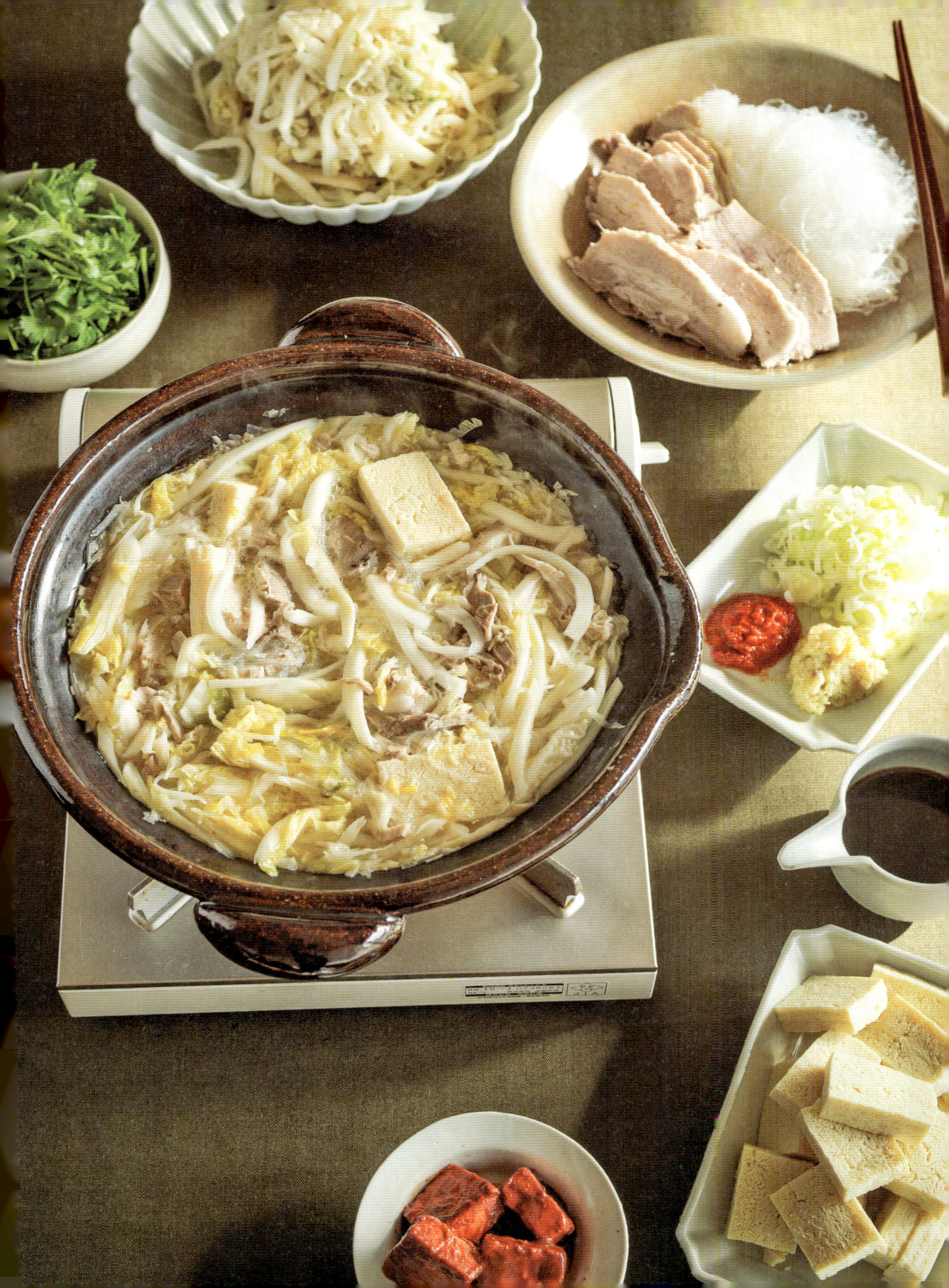

みんなのおでん

人が集まるときのおでんは、いつもよりちょっとアイテムを増やして
みんなが好きにチョイスできるように。竹串に刺して遊び心も満点に。
いつもアツアツを食べてもらいたいから、煮直すことも考えて
つゆは薄めにします。練り辛子とゆずこしょうを添えるのが我が家流。

にぎやか鍋料理

材料 6～8人分
ゆで卵　6個
ゆでだこの足　300g
大根　24cm
こんにゃく　2枚
日高昆布　25cm長さ×3～4枚
● キャベツ巻き
　キャベツ　小6枚
　かんぴょう（戻したもの）　適量
厚揚げ　1枚
さつま揚げ　6枚
ごぼう天、ひと口がんも　各6個
ちくわ　小4本
すじ　1本
ミニトマト　8個
● つゆ
　だし汁　16カップ
　酒、みりん　各大さじ4
　しょうゆ　大さじ3
　塩　小さじ1
練り辛子、ゆずこしょう　各適量

1　ゆで卵はきれいに殻をむく。たこは1本ずつに切り分け、半分の長さに切る。

2　大根は3cm厚さに切り、皮を厚めにむいて面とりをし、片面に½の深さまで十文字の切り込みを入れる。米大さじ1（分量外）を加えたたっぷりの水からゆで、煮立ったらふたをして弱火で30～40分下ゆでする。そのまま冷まして米を洗い落とす。

3　こんにゃくは半分の厚さに切り、両面に浅く格子状の切り目を入れ、三角形に切る。塩大さじ½（分量外）でもんで水で洗い、ひたひたの水で5分ほど下ゆでする。

4　昆布は水に30分～1時間つけて戻し、5cm幅の帯状に切り、ひとつ結んでは切り離し、結び昆布にする。

5　キャベツ巻きを作る。キャベツは塩少々（分量外）を加えた熱湯でゆでる。キャベツの水気を拭き、両端を折り込みながら巻き、かんぴょうで結ぶ。

6　厚揚げは6等分に切り、さつま揚げ、ごぼう天、がんもとともにさっとゆで、油抜きをする。ちくわは斜め半分に切り、すじは2cm厚さに切る。

7　ミニトマトは熱湯にさっと通して冷水にとり、皮をむく。

8　鍋につゆの材料を入れて煮立て、1～3を入れ、再び煮立ったらふたをして火を弱めて40分ほど煮る。4～6を加えてさらに10分ほど煮る。

9　8のおでんダネの中から小さめのものをミニトマトを交えながら竹串に刺し、鍋に戻し入れて再び10分煮る。練り辛子、ゆずこしょうを添える。

持ち寄りMEMO

汁気をきって保存容器に並べ入れ、つゆは別の容器に入れる。辛子は練りたてがおいしいので、粉辛子を持っていく。

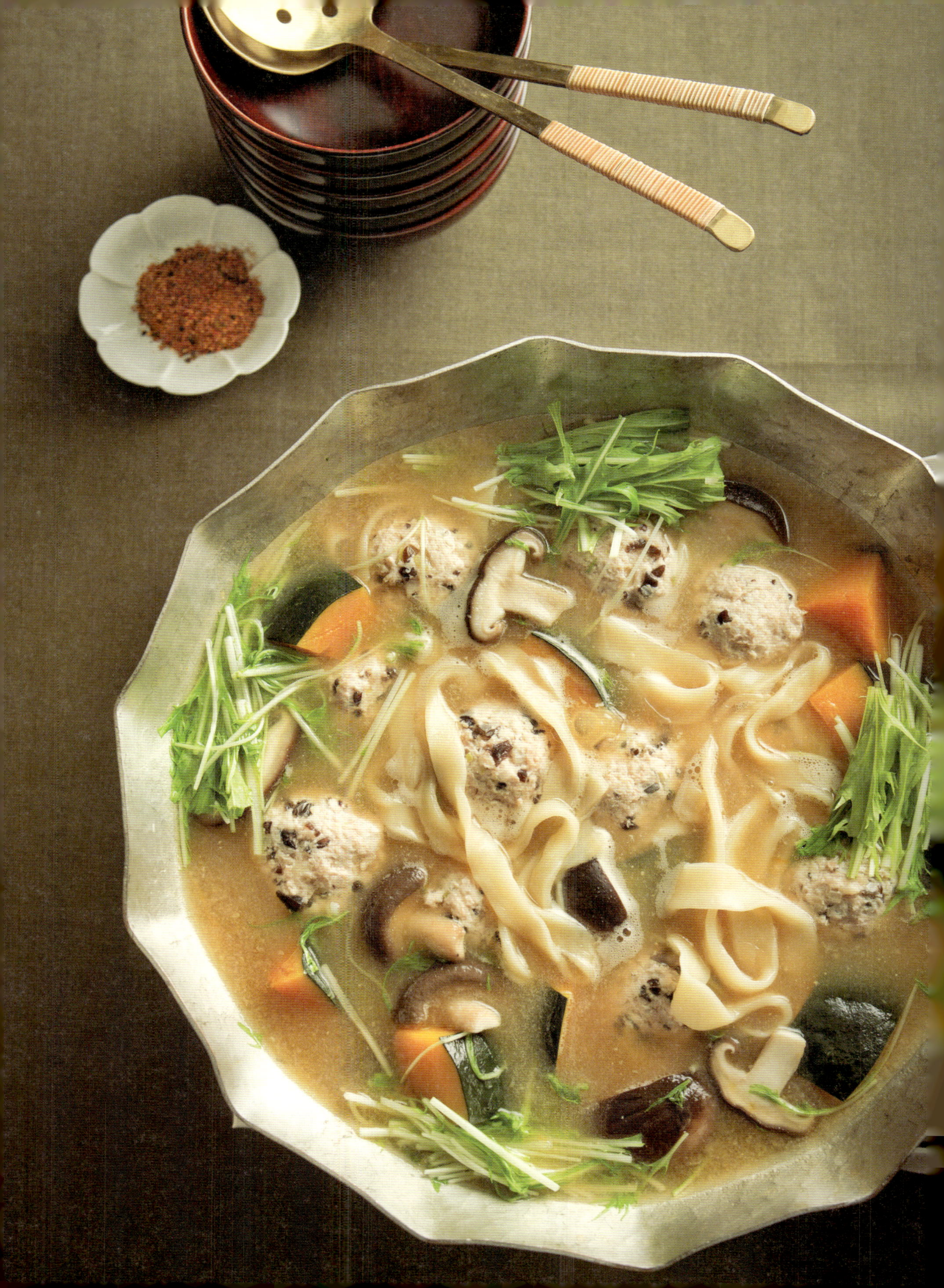

鶏団子鍋

きくらげ入りの大きな鶏団子が主役。
ホクホクのかぼちゃとシャキシャキの水菜をたっぷり、
それから、モチモチのうどんも入れてボリューム満点に。
つゆは鶏ガラスープとだし汁のダブル使い。
みそ仕立てにすると丸い味になり、ほっとなごみます。

鶏ガラスープとだし汁を温め、鶏団子をひとつずつ入れ、まずは鶏団子だけ先に煮る。

材料 6人分
- ●鶏団子
  - 鶏ひき肉　800g
  - きくらげ（戻したもの）　80g
  - 長ねぎのみじん切り　大さじ6
  - しょうがのすりおろし　小さじ1
  - 酒　大さじ2
  - しょうゆ　小さじ½
  - 塩　小さじ¼
  - 片栗粉　大さじ2
  - 水　大さじ3
- かぼちゃ　400g
- 生しいたけ　12個
- 水菜　200g
- うどん（生めん、平めんタイプ）　300g
- 鶏ガラスープ　6カップ
- だし汁　6カップ
- 酒　大さじ3
- みそ　80g
- 七味唐辛子　適量

1　鶏団子を作る。きくらげは石づきをとり、粗みじんに切る。

2　ボウルに鶏ひき肉を入れ、きくらげ以外の鶏団子の材料を加え、粘りが出るまで手でよく混ぜる。きくらげを加えてよく混ぜ合わせ、18等分にし、水でぬらした手で丸く形作る。

3　かぼちゃは種とワタをとり、皮つきのまま2cm厚さに切り、3cm長さに切る。

4　しいたけは石づきをとり、縦半分に切る。水菜は根元を切り落とし、3〜4cm長さに切る。

5　鍋に鶏ガラスープ、だし汁を入れて火にかけ、煮立ってきたら2の鶏団子をひとつずつ入れる。再び煮立ったら火を弱めて10分ほど煮る。

7　かぼちゃ、しいたけ、うどんを加え、煮立ったら火を弱め、野菜とうどんが煮えるまで12〜15分煮る。

8　みそを溶き入れてさらにひと煮し、水菜を数ヶ所に入れる。七味唐辛子を添える。

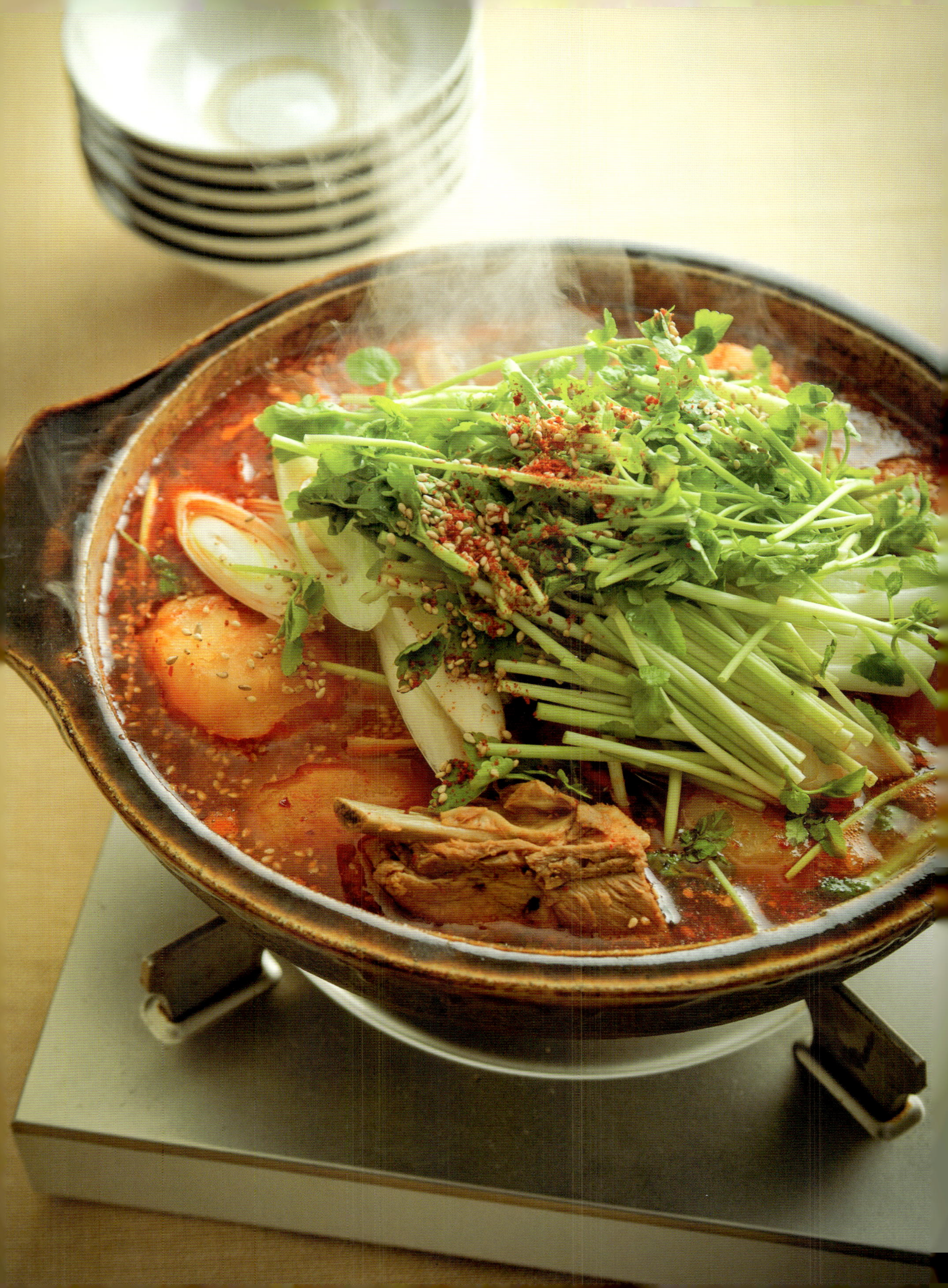

カムジャタン

材料 6人分
- 豚スペアリブ　800g
- 酒　1/3カップ
- 塩　小さじ1/2
- 赤唐辛子　1本
- にんにく　1かけ
- しょうがの皮　1かけ分
- 長ねぎの青い部分　1本分
- コチュジャン　大さじ3
- ヤンニョンジャン（市販）　大さじ2
- しょうゆ　大さじ3
- じゃがいも　6個
- 長ねぎ　2〜3本
- せり　2束
- ごま油　大さじ1
- 粉唐辛子　小さじ1
- 白炒りごま　大さじ1

カムジャタンは韓国の庶民的料理のひとつ。
骨つきの豚肉をコチュジャン風味のみそスープで煮込むのが特徴。
味のしみたホクホクのじゃがいもも美味。ザクザクッと切った長ねぎとせりを
たっぷりのせていただきます。体の中から元気が出ます。

1 豚スペアリブは熱湯で5分ほど下ゆでし、ザルに上げて水で洗い、水気をきる。

2 大鍋に豚スペアリブ、水12カップを入れて火にかけ、煮立ったら酒、塩、赤唐辛子、にんにく、しょうがの皮、長ねぎの青い部分を加える。再び煮立ったら火を弱めてふたをし、1時間ほど煮る。しょうがの皮と長ねぎの青い部分はとり除く。

3 2にコチュジャン、ヤンニョンジャン、しょうゆを加え、再びふたをして20分ほど煮る。

4 じゃがいもは皮をむいて半分に切り、水に10分ほどさらして水気をきる。長ねぎは1cm幅の斜め切りにし、せりは根を切り落として5〜6cm長さに切る。

5 3にじゃがいもを入れて混ぜ、煮立ったら火を弱めてふたをし、じゃがいもがやわらかくなるまでさらに20分ほど煮る。

6 5に長ねぎ、せりをたっぷりとのせてごま油をふり、粉唐辛子、ごまをふる。

鍋のあとは、汁気が少なくなった鍋にご飯を加えて煮詰め、好みで卵を落としておじやにする。韓国のりまたは焼きのりをちぎって散らし、せりが残っていればのせる。

ご飯 & 汁物がわり

材料 6人分
- すし飯
  - 米　3合
  - A[酢½カップ　砂糖大さじ1　塩小さじ1¼]
- しいたけの甘煮
  - 干ししいたけ（戻したもの）　8枚
  - しいたけの戻し汁＋だし汁 合わせて1½カップ
  - B[酒、みりん、砂糖、しょうゆ各大さじ2]
- 厚焼き卵
  - 卵　3個
  - C[だし汁大さじ2　みりん大さじ1　砂糖大さじ2　塩少々]
  - サラダ油　少々
- きゅうり　3本
- 長芋　200g
- 才巻きえび（有頭、殻つき）　10尾
- 焼き穴子　小2尾分
- まぐろ（赤身。刺し身用）　150g
- 白身魚（ひらめ、鯛など。刺し身用）　150g
- 文甲いか（刺し身用）　150g
- イクラ　80g
- 紅たで　少々
- わさびじょうゆ、焼きのり　各適量

焼きのりにのせてクルッと巻いて食べてもよい。

ばらちらし

まぐろ、焼き穴子、いか、えび、白身の魚、卵、きゅうり……、
小角切りにしたネタを散らした、彩り華やかなおすし。
仕上げにはイクラ、紅たでものせ、おもてなしバージョンに仕上げます。
宴の最後を飾る、とっておきのメニューです。

1 すし飯を作る。米は洗って同量の水で炊く。Aは混ぜ合わせてすし酢を作る。ご飯が炊き上がったら飯台にあけ、すし酢を回し入れて切るようにして混ぜ、粗熱をとる。かたく絞ったぬれ布巾やさらしをかけておく。
2 しいたけの甘煮を作る。鍋にしいたけ、戻し汁とだし汁を入れて煮立て、Bを加えてふたをし、汁気がなくなるまで弱火で10〜15分煮る。冷めたら1cm角に切る。
3 厚焼き卵を作る。卵はボウルに割りほぐし、Cを入れて混ぜる。卵焼き器にサラダ油をひき、⅓量を流し入れて半熟状に火を通し、向こう側から手前に巻く。空いたところにサラダ油をひき、卵焼きを向こう側に寄せる。卵液の½量を流し入れて同様にして巻き、あと一回繰り返す。巻きすにとって冷まし、1cm角に切る。
4 きゅうりは1cm角に切り、塩小さじ1（分量外）を混ぜて10分ほどおき、少ししんなりしたら水でさっと洗い、水気を拭く。長芋は皮をむいて1cm角に切る。
5 才巻きえびは頭をねじりながら背ワタも一緒にとり、塩、酢各少々（分量外）を入れた熱湯でゆでてザルに上げ、殻をむいて1.5〜2cm長さに切る。
6 焼き穴子は1cm角に切り、まぐろ、白身魚は1.5〜2cm角に切る。いかは浅く格子状に切り込みを入れて1.5cm角に切る。
7 すし飯に2〜6のネタの½量を混ぜて器に盛り、残りのネタ、イクラ、紅たでを散らす。わさびじょうゆ、4等分に切った焼きのりを添える。

持ち寄りMEMO

桐の箱などにばらちらしずしを詰め、焼きのりは切らずに持っていく。わさびはおろしたてがおいしいので、そのままラップに包み、小サイズのわさびおろしも持参で。

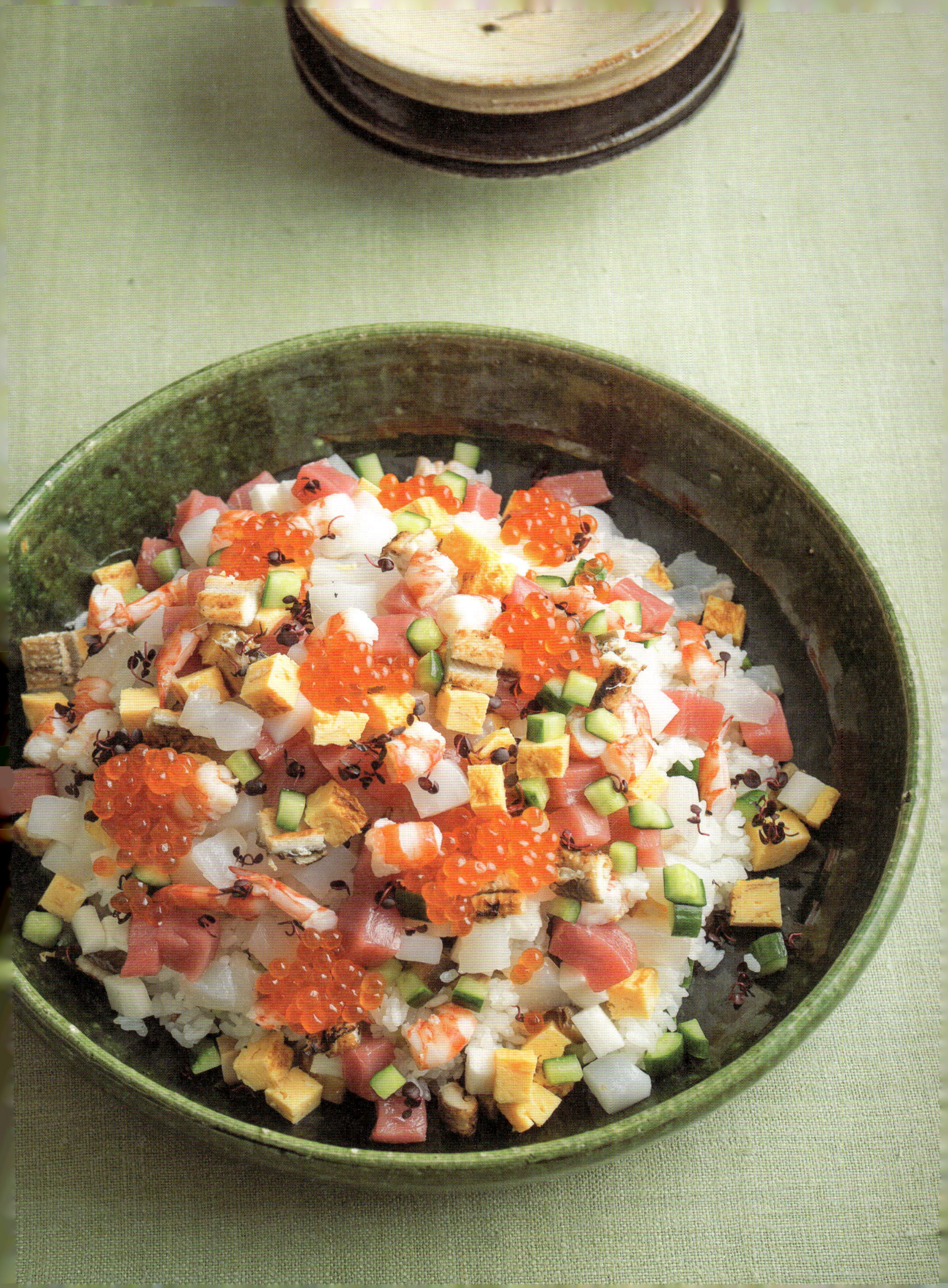

野菜ずしと
稲荷ずし

みょうが、しいたけ、菜の花、たけのこ、かぶの漬けもの……、
野菜をネタにしたにぎりずしは、見て楽しく、食べてヘルシー。
ちょっぴり甘みも欲しいから、稲荷ずしとセットにします。
お酒と一緒につまむのもよし、濃いめに淹れたお茶とともにいただくのもよし。

材料 各6人分

■野菜ずし
すし飯（p.82参照） 約900g

●菜の花の昆布じめ
菜の花 6本
だし昆布 20cm

●みょうがの甘酢漬け
みょうが 3個
A［酢、水各大さじ3 砂糖大さじ1 塩少々］

●たけのこ煮
たけのこの穂先 5cm分
だし汁 ⅔カップ
B［みりん大さじ1 薄口しょうゆ、塩各少々］

●しいたけ焼き
しいたけ 6枚
C［みりん、しょうゆ各大さじ1］

千枚漬け 6枚
千枚漬けの昆布 少々

●こんにゃく煮
こんにゃく ½枚
だし汁 1カップ
D［みりん大さじ2 砂糖大さじ½ しょうゆ大さじ1］

木の芽、白炒りごま、紅たで 各少々

■稲荷ずし
すし飯（p.82参照） 約700g
油揚げ 8枚
E［だし汁3カップ 酒大さじ2 みりん大さじ3 砂糖、しょうゆ各大さじ4］
ゆずの皮のせん切り ¼個分
白切りごま 大さじ2
がり、青じそ 各適量

ご飯＆汁物がわり

● 85

🕰 持ち寄りMEMO

桐の箱に詰めたものにふたをし、風呂敷に包んで持っていく。

■野菜ずし

1 菜の花の昆布じめを作る。菜の花は塩少々（分量外）を加えた熱湯でさっとゆで、水気を絞って塩（分量外）を軽くふる。だし昆布の上に並べてラップで包み、冷蔵庫に入れて1晩おく。昆布をとって半分の長さに切る。

2 みょうがの甘酢漬けを作る。みょうがは縦半分に切り、塩少々（分量外）を加えた熱湯で1分ほどゆでる。混ぜ合わせたAに20分以上漬ける。

3 たけのこ煮を作る。たけのこは縦4等分に切り、だし汁とともに鍋に入れて煮立て、Bを加えて10分ほど煮る。冷めたら縦薄切りにする。

4 しいたけ焼きを作る。しいたけは軸をとって笠に浅く切り込みを入れ、Cを合わせて10分ほどからめ、オーブントースターで焼く。

5 千枚漬けは6等分に切り、3切れを1組にする。

6 こんにゃく煮を作る。こんにゃくは1cm厚さに切って袋状に切り込みを入れ、塩少々（分量外）でもんで洗い、下ゆでする。鍋にだし汁とともに入れて煮立て、Dを加えてふたをし、汁気がなくなるまで煮る。

7 すし飯を1個約25gに分けて軽く握り、1〜5をのせ、5は千枚漬けの昆布を巻く。6にはすし飯を詰める。たけのこに木の芽、しいたけにごま、こんにゃくに紅たでを飾る。

■稲荷ずし

1 油揚げは長い辺を一辺だけ5mmほど切り落として袋状に開き、さっとゆでて油抜きをし、水気を絞る。鍋にEを入れて煮立て、油揚げと切り落としを加え、落としぶたをして弱火で10〜15分煮て冷まし、汁気をきる。

2 すし飯にゆずの皮とごま、1の切り落としを刻んで混ぜ、8等分にする。

3 1の油揚げに2を細長く詰めて巻き、3等分に切り分ける。がりと青じそを添える。

油揚げは長い辺を切って袋状にし、ゆずの皮とごま入りのすし飯を詰める。

中華風おこわ

干しえび、干し貝柱、干ししいたけ……、
乾物のうまみが要となるモチモチ食感が人気の中華風おこわです。
決して派手ではないけれど、滋味豊かでしみじみおいしいのが魅力。
竹の皮に包んでちまき仕立てにしてもよいでしょう。
残ったら冷凍し、セイロで蒸し直してもおいしくいただけます。

ご飯＆汁物がわり ● 87

持ち寄りMEMO

桐や杉、竹などの箱やお弁当箱に竹の皮を敷き、おこわを詰めてごまをふる。重箱に詰めても。

材料 6～8人分
- もち米　5カップ
- 干しえび　30g
- 干し貝柱　60g
- ●干しえびと干し貝柱の戻し用
  - 酒　1/3カップ
- 干ししいたけ　8枚
- たけのこ
  - （水煮またはゆでたもの）200g
- しょうが　小1かけ
- 長ねぎ　1/2本
- ごま油　大さじ3
- 酒　大さじ3
- 戻し汁（干しえび+干し貝柱）
  - 1カップ
- しょうゆ　大さじ2
- 塩　小さじ2
- こしょう　少々
- 白炒りごま　大さじ3

1　もち米は洗い、ザルに上げて30分ほどおく。たっぷりの水に浸して1晩おく。

2　干しえび、干し貝柱は合わせてボウルに入れ、酒、水2/3カップを加えて1晩おき、やわらかく戻す。干ししいたけはたっぷりの水を加えて落としぶたをし、冷蔵庫に1晩入れて戻す。

3　1のもち米はザルに上げて水気をきり、30分ほどおく。2のえびは粗く刻み、貝柱は手でほぐし、戻し汁は1カップほどとっておく。しいたけは水気を絞り、軸を切り、1cm角に切る。

4　たけのこは小角切りにする。しょうが、長ねぎは粗みじん切りにする。

5　中華鍋にごま油を熱し、えび、貝柱、しいたけ、たけのこを入れて炒め、しょうが、長ねぎを加えてさっと炒める。もち米を加えて炒め合わせ、酒をふり、3の戻し汁を加え、しょうゆ、塩、こしょうで調味する。

6　セイロにぬらしてかたく絞った蒸し布を敷き、5を入れ、中心に穴をあけてふたをする。蒸気の上がった状態で強火で20～30分蒸す。

7　6のもち米にふり水（2/3カップ程度）をして上下を木しゃもじで返し、再び中心に穴をあけてふたをし、さらに20分ほど強火で蒸す。途中、セイロの下の鍋の水分量をチェックし、熱湯を足す。

8　7を器に盛り、ごまをふる。

もち米は水に浸して1晩おき、十分に吸水させてから蒸す。

セイロにぬらしてかたく絞った蒸し布を敷き、そこに炒めたもち米を入れる。

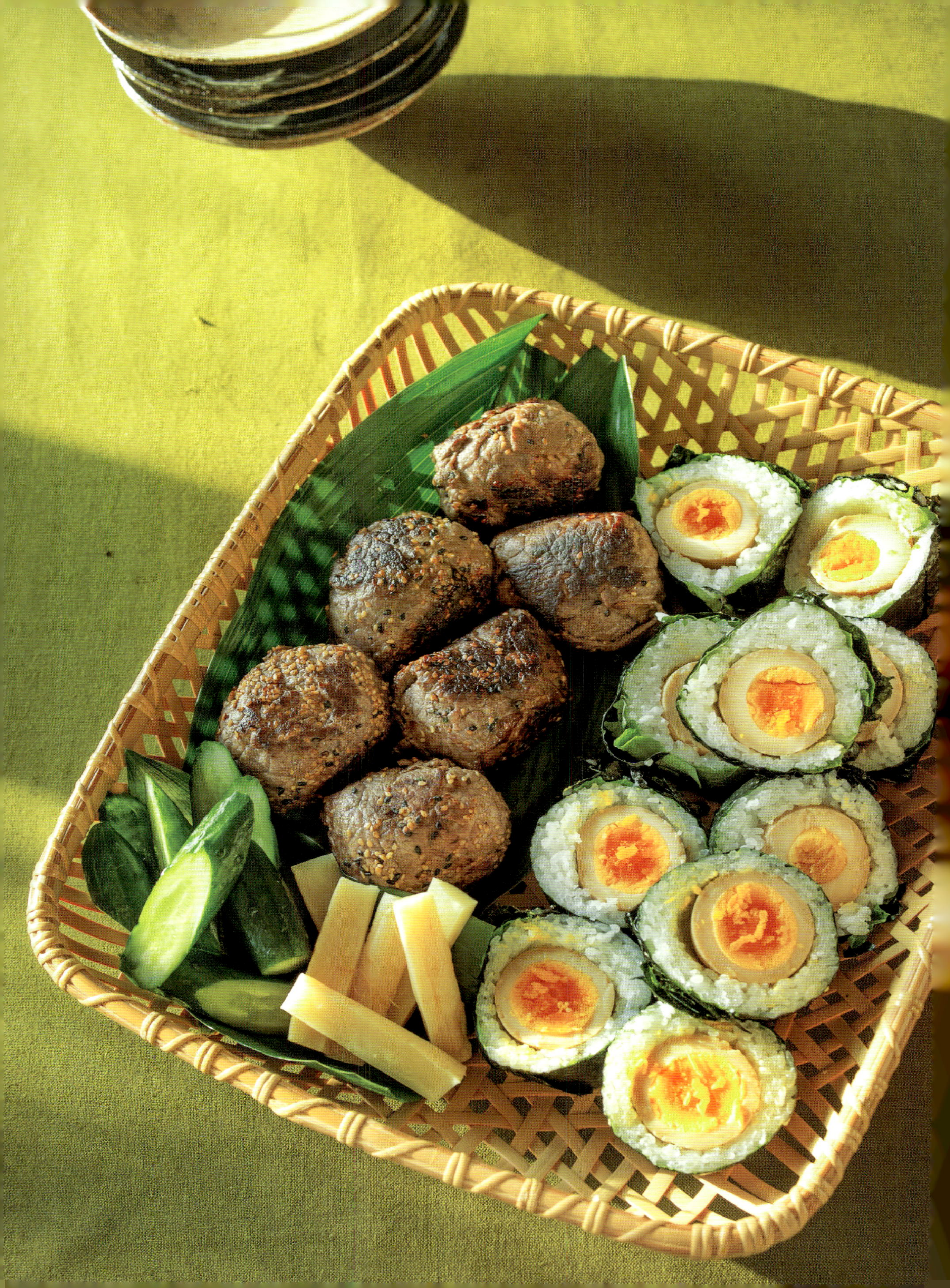

肉巻きおむすび & しょうゆ卵おむすび

牛肉を巻いた焼きおむすび、
しょうゆ漬け卵を丸ごと入れたのり巻きおむすび、どちらもダイナミック！
牛肉には甘辛しょうゆ味の下味をつけておくのがポイントです。
ご飯ものがちょっと食べたくなる、
そんな頃合いを見計らってテーブルに出します。

材料 各6個分

■ 肉巻きおむすび
牛もも赤身薄切り肉　450g
● 牛肉の下味
　酒、みりん　各大さじ1
　しょうゆ　大さじ2
　ごま油　大さじ1/2
ご飯（温かいもの）　800g
ホールコーン缶　1缶（約140g）
パセリのみじん切り　大さじ3
塩、こしょう　各少々
白炒りごま　大さじ3
黒炒りごま　大さじ2

■ しょうゆ卵おむすび
ゆで卵（半熟）　6個
● 卵の漬け汁
　だし汁　1/3カップ
　みりん　大さじ3
　しょうゆ　大さじ4
ご飯（温かいもの）　900g
塩　適量
青じそ　18枚
焼きのり　6枚

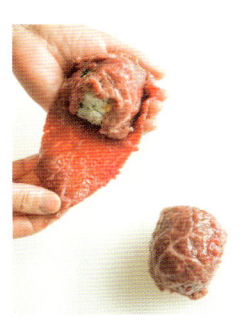

コーンとパセリを入れて味つけしたおむすびを、下味をつけた牛肉で包む。これを焼くと、肉巻きおむすび。

しょうゆ漬けの卵をご飯で包んで俵形にし、これを青じそと焼きのりで包むと、しょうゆ卵おむすび。

■ 肉巻きおむすび
1　ボウルに酒、みりん、しょうゆ、ごま油を合わせ、牛肉を入れてからめ、10分ほどおいて下味をつける。
2　別のボウルにご飯を入れ、コーン、パセリ、塩、こしょうを加えて混ぜ、6等分にして俵形にむすぶ。
3　牛肉を広げ、2のおむすびに巻きつけ、全体に包む。2色のごまを混ぜ合わせて全体にまぶす。
4　フライパンを熱して3を入れ、ときどき転がして全体に焼き色をつけながら、5～6分焼く。

■ しょうゆ卵おむすび
1　保存袋にだし汁、みりん、しょうゆを入れ、ゆで卵を加える。空気を抜いて密封し、冷蔵庫で1～2晩漬け込み、しょうゆ卵を作る。
2　ご飯は6等分にする。
3　手に水をつけて塩をまぶし、2のご飯を手のひらに広げ、しょうゆ卵をのせて俵形に包む。青じそ3枚を貼りつけ、さらにのり1枚で全体を包み、形を整える。
4　3を半分に切り、肉巻きおむすびとともに器に盛り合わせ、漬けもの（きゅうりのぬか漬け、たくあん。各分量外）を添える。

🔖 **持ち寄りMEMO**

肉巻きおむすびは冷まし、しょうゆ卵おむすびは切らずにそのまま。笹や葉蘭などを敷いたカゴに入れて、布巾などで包んで持っていく。

各自の器にご飯を盛り、好みのカレーと好みの揚げ野菜をのせる。

お好みカレー

カレーはチキンカレーとドライカレーを用意して、揚げ野菜はなすやかぼちゃ、パプリカ、ヤングコーンなどをとり揃え、好きなものを好きなだけご飯にのせていただくブッフェスタイル。カレーは前もって作っておけるから、大人数が集まるときにもってこいです。

材料 各6〜8人分

■チキンカレー
鶏もも肉　4枚
●鶏肉の下味
　塩　小さじ2/3
　カレー粉　大さじ1
サラダ油　大さじ4
玉ねぎのみじん切り　4個分
にんにくのみじん切り　2かけ分
A［しょうがのすりおろし大さじ1　カレー粉大さじ6　クミンシード小さじ1　カルダモンホール6〜7粒　シナモンスティック1本　ローリエ1枚　赤唐辛子2本　カイエンペッパー小さじ1/2〜1］
B［プレーンヨーグルト300g　トマトジュース1カップ　1cm角に切ったトマト2個分　塩小さじ2］
カレー粉　大さじ3

■ドライカレー
合いびき肉　500g
サラダ油　大さじ4
玉ねぎのみじん切り　3個分
にんにくのみじん切り　2かけ分
C［しょうがのすりおろし大さじ1　カレー粉大さじ6　ローリエ1枚　赤唐辛子2本　シナモンスティック1本］
D［トマトジュース1カップ　塩小さじ2　トマトケチャップ大さじ3　1cm角に切ったトマト2個分　ウスターソース大さじ2］

■揚げ野菜
かぼちゃ　1/4個
なす　4個
ズッキーニ　1本
パプリカ（黄、オレンジ、赤）　各1個
オクラ、ヤングコーン　各10本
揚げ油　適量
■ご飯（ローストしたアーモンドスライスのせ）　適量

持ち寄りMEMO

カレー2種、揚げ野菜をそれぞれ保存容器に入れる。ご飯は温かい方がおいしいので、炊いてもらっても。

■チキンカレー
1　鶏肉は6〜8等分に切り、塩、カレー粉をまぶして20分おく。
2　鍋にサラダ油大さじ3を熱して玉ねぎ、にんにくをしんなりするまで炒め、ふたをして弱火で途中底から混ぜながら、30〜40分かけて茶色になるまで炒める。Aを加えてさらによく炒める。
3　フライパンにサラダ油大さじ1を熱して1の鶏肉を入れ、強めの中火で両面焼く。
4　3を2の鍋に加え、Bを加えて混ぜ、ふたをして弱火で30〜40分煮込む。カレー粉を加えてひと煮する。

■ドライカレー
1　鍋にサラダ油大さじ3を熱して玉ねぎ、にんにくをしんなりするまで炒め、ふたをして弱火で途中底から混ぜながら、30〜40分かけて茶色になるまで炒める。Cを加えてさらによく炒める。
2　フライパンにサラダ油大さじ1を熱してひき肉を入れ、ポロポロになるまでよく炒める。
3　2を1の鍋に加え、Dと水1カップを加えて混ぜ、ふたをして弱火で30〜40分煮込む。

■揚げ野菜
1　かぼちゃは皮つきのまま種とワタをとり、2〜2.5cm厚さのくし形に切る。なすはヘタをとり、ピーラーで縞目になるように皮をむき、食べやすい大きさに切る。ズッキーニとパプリカはそれぞれ食べやすい大きさに切る。オクラはがくを切り揃え、縦に1本切り込みを入れる。
2　揚げ油を中温に熱してかぼちゃを入れ、弱火で5分ほど揚げて中まで火を通し、最後に高温にしてカリッと揚げる。残りの野菜は高温の油で色よく揚げる。

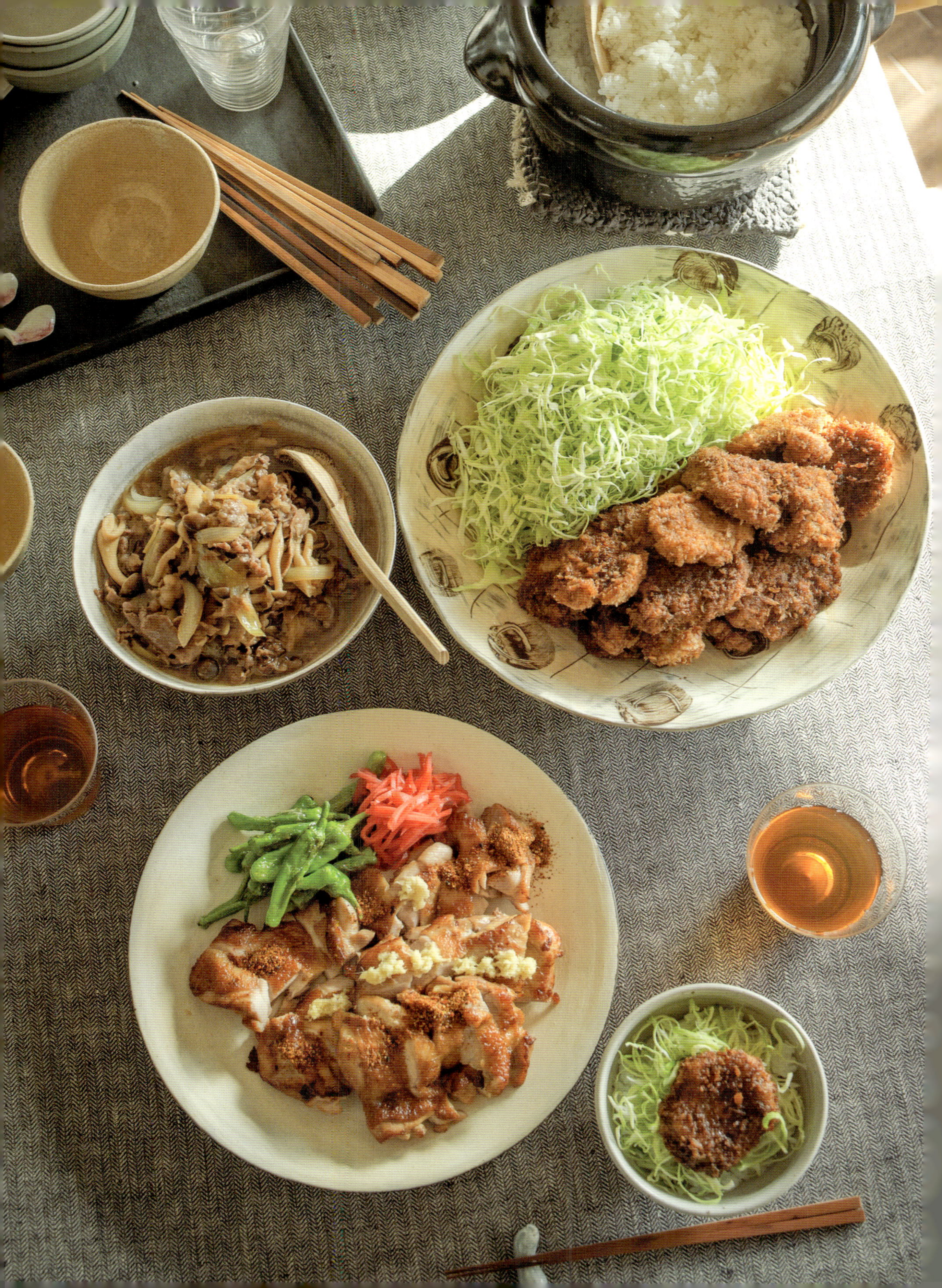

お好み丼

キャベツたっぷりのソースカツ丼、甘辛しょうゆ味の照り焼き丼、うまみたっぷりのシンプル牛丼。みんなが好きなお肉の丼をラインナップ。各自ご飯を好きによそい、食べたい具をのせていただきます。もちろんお替わり自由。ご飯は土鍋で炊いてそのままテーブルへ。

材料 各6人分

■ソースカツ
- 豚ヒレ肉　500g
- 塩、こしょう　各少々
- ●衣
  - 薄力粉、溶き卵、パン粉　各適量
- 揚げ油　適量
- ウスターソース　適量
- キャベツのせん切り　½個分

■鶏の照り焼き
- 鶏もも肉　大2枚
- ●鶏肉の下味
  - 酒、しょうゆ　各大さじ½
  - しょうが汁　小さじ1
- サラダ油　大さじ1⅓
- 酒　大さじ2
- みりん　大さじ3
- しょうゆ　大さじ3
- しょうがのすりおろし　適量
- ししとう　20本
- 紅しょうがのせん切り、七味唐辛子　各適量

■牛丼の具
- 牛切り落とし肉　400g
- 玉ねぎ　小2個
- しめじ　2パック
- サラダ油　大さじ1
- しょうがのせん切り　小1かけ分
- 酒　大さじ4
- みりん　大さじ4
- 砂糖　大さじ2
- しょうゆ　大さじ6

■ご飯　適量

小どんぶりにご飯をよそい、好きな具をのせ、好みで七味唐辛子（分量外）などをふる。

■ソースカツ

1　豚肉は1cm厚さのそぎ切りにし、軽く塩、こしょうをふり、薄力粉、溶き卵、パン粉の順に衣をつける。
2　揚げ油を中温に熱し、1を入れ、両面色よく揚げて中まで火を通す。
3　熱いうちにウスターソースをからめ、器に盛り、キャベツを添える。

■鶏の照り焼き

1　鶏肉は皮を下にして横長におき、筋を切るように浅い切り込みを5～6本入れ、下味の材料をからめて10分ほどおく。
2　フライパンにサラダ油大さじ1を熱してししとうを炒め、とり出す。
3　2のフライパンにサラダ油大さじ⅓を足し、1の鶏肉を皮目から先に焼き、両面焼く。ふたをして弱火で4～5分蒸し焼きにし、酒をふり、みりん、しょうゆを加えてからめる。
4　3の鶏肉を縦半分に切って1cm厚さのそぎ切りにし、器に盛り、焼き汁をかけてしょうがをのせる。ししとう、紅しょうがを添える。

■牛丼の具

1　玉ねぎは縦半分に切ってから1cm幅に切る。しめじは石づきをとってほぐす。
2　フライパンにサラダ油を熱して牛肉を強火で炒め、しょうが、しめじを加えてさっと炒め、酒をふる。水4カップを加え、煮立ったらアクをとり、みりん、砂糖、しょうゆを加え、ふたをして弱火で10分ほど煮る。
3　1を加えて混ぜ、ふたをしてさらに5分ほど煮る。

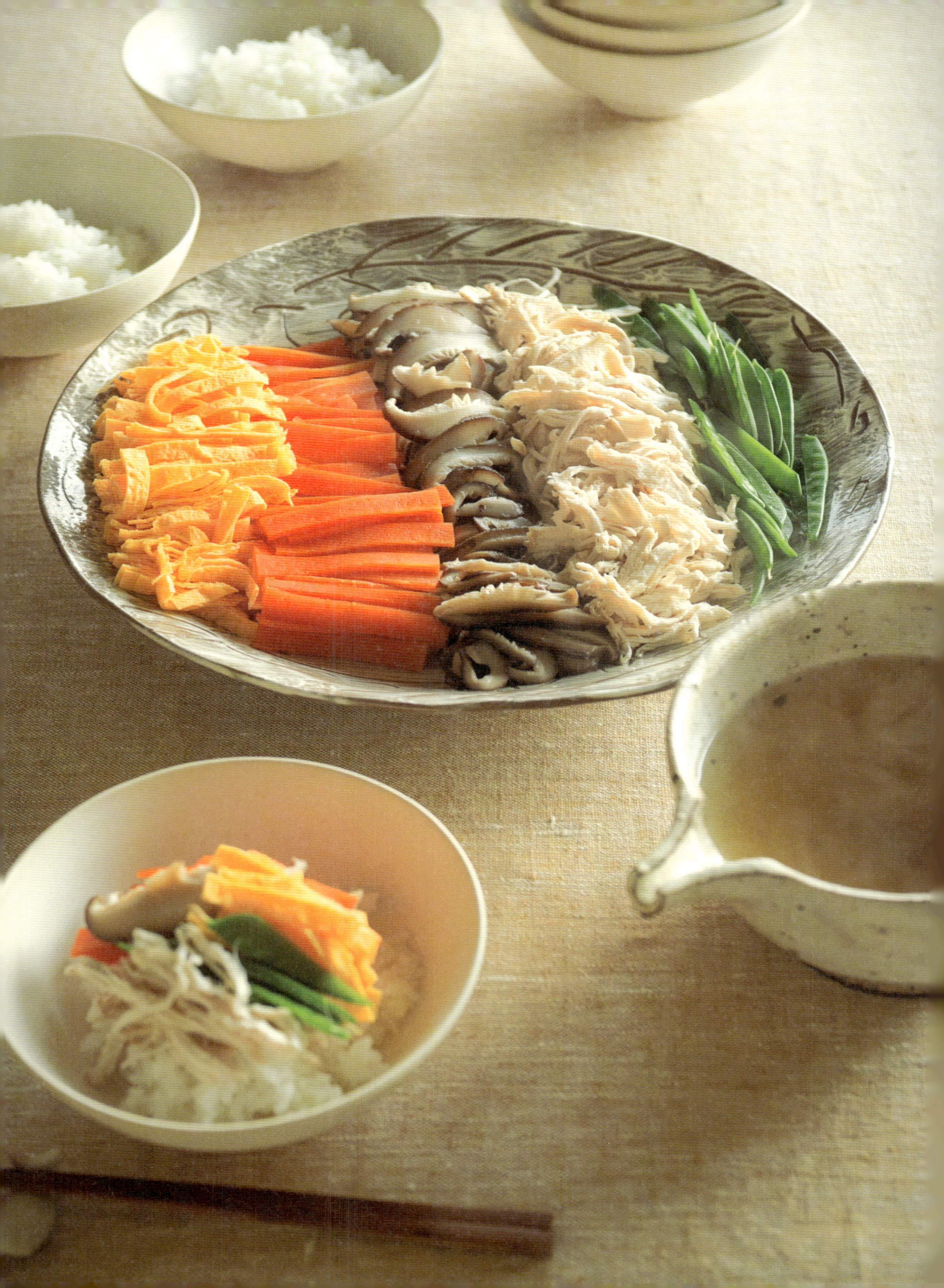

材料 6人分
鶏胸肉　2枚
干ししいたけ　8枚
にんじん　小2本
しょうがの薄切り　3〜4枚
酒　大さじ3
塩　小さじ2
絹さや　100g
● 薄焼き卵
　卵　3個
　塩　少々
　サラダ油　少々
ご飯（温かいもの）　適量

ご飯&汁物がわり ● 95

鶏飯

鶏飯は鹿児島、沖縄の郷土料理。ご飯に鶏肉や野菜や錦糸卵などをのせてアツアツの鶏スープをかけていただきます。
ポイントは具をすべて細めに切ること、彩りを考えて用意すること。
各自、好きな配分でのせて、お茶漬け感覚でサラサラと。

鶏肉を煮るときにしいたけとにんじんも入れて一緒に煮る。冷めてからそれぞれ細く切る。

1 干ししいたけはたっぷりの水を加えて落としぶたをし、冷蔵庫に1晩入れて戻し、水気を絞って軸を切り落とす。にんじんは4〜5cm長さに切り、縦1cm厚さに切る。
2 鍋に鶏肉と水7カップを入れて火にかけ、煮立ったらアクをとって火を弱め、しょうが、酒、塩を加えて10分ほど煮る。
3 2に1の干ししいたけとにんじんを加えてさらに10分ほど煮、火を止めてそのまま粗熱をとる。鶏肉は手で細かくほぐし、干ししいたけは薄切りにし、にんじんは縦薄切りにする。スープからしょうがをとり出しておく。
4 絹さやは筋をとり、塩少々（分量外）を加えた熱湯でゆで、冷水にとって冷まし、斜め切りにする。
5 薄焼き卵を作る。卵はボウルに割りほぐし、塩を加えて混ぜ、万能漉し器で漉す。フライパンにサラダ油を薄くひき、卵の1/3量を流し入れて全体に広げ、まわりが乾いて浮いてきたら裏に返し、さっと焼いてとり出す。残りも同様にして焼く。4等分に切ってから8mm幅の細切りにする。
6 器に3、4、5の具を盛り合わせ、3のスープを温め直して別器に入れる。
7 各自の器にご飯を盛り、具を好きな配分でのせ、アツアツのスープを注ぐ。好みで、しょうがのすりおろし、こしょう（各分量外）をふる。

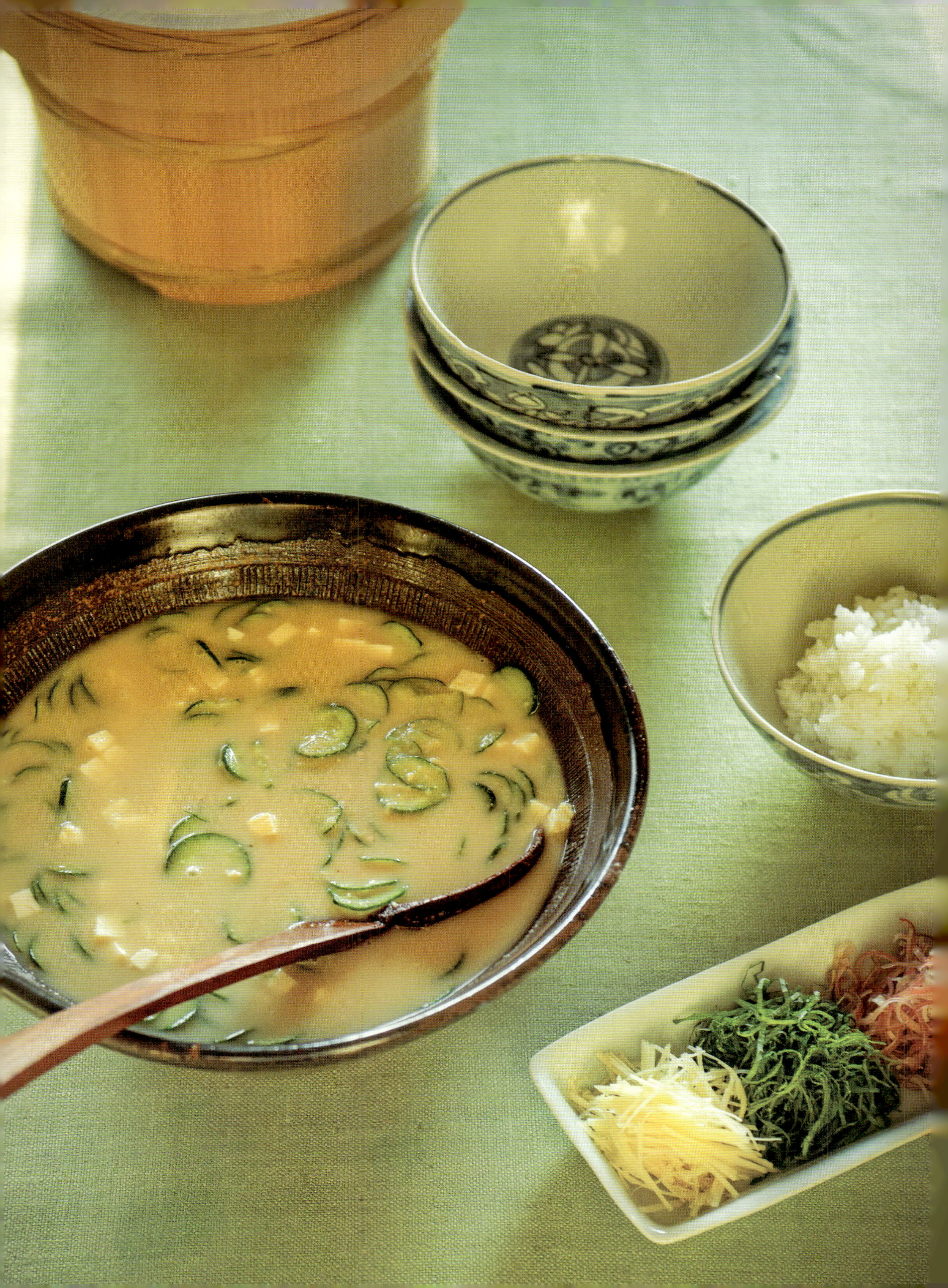

冷や汁

冷や汁の材料や作り方はいろいろ。
うちでは、かますやあじなどの干ものを焼き、
きゅうりと木綿豆腐を入れて作ります。ごまを温めてよくするのがポイント。
きゅうりの歯ごたえとみょうがの香りが、なんともいえずよく合います。
宴の締めにいただけば、喉ごしがよく、いくらでも胃におさまります。
白飯はもちろん、麦ご飯とも相性がよいので、
サラサラ具合とヘルシーさを求めるなら後者でも。

1　かますはグリルまたは焼き網で香ばしく焼き、頭、皮、骨をとって粗くほぐす。
2　フライパンまたは鍋にごまを入れ、弱火にかけて温め、香りを出す。
3　2をすり鉢に移して油が出るまでよくすり、1を加えてさらによくすり、みそを加えてさらによくする。水または薄めのだし汁を加えてのばす。
4　きゅうりは薄い輪切りにし、豆腐は8mm角に切る。
5　3に4を入れて冷蔵庫で2時間ほど冷やす。
6　しょうが、青じそはせん切りにする。みょうがは縦半分に切ってから小口切りにし、水にさらして水気をきる。
7　5の冷や汁、6の薬味、ご飯をテーブルに並べる。各自の器にご飯を盛り、冷や汁をたっぷりとかけ、薬味をのせる。

ごまを油が出るまでよくすり、そこに焼いてほぐした干ものを加えてすり混ぜる。これが冷や汁のベース。

材料 6人分
かますの干もの　2枚（正味100g）
白炒りごま　大さじ6
みそ　80〜100g
水または薄めのだし汁
　（冷めたもの）　5〜6カップ
きゅうり　2本
木綿豆腐　½丁
しょうが　1かけ
青じそ　6枚
みょうが　2個
ご飯（温かいもの）　適量

大きな茶碗蒸し

だしの香りが鼻をくすぐる茶碗蒸しは、汁物がわりに最適。
みんなが集まる日は、大きな鉢で作って、湯気が立ったままテーブルへ。
ポイントは、具を入れないで蒸してしまい、そのあとで具入りのあんをかけること。
この方法だと、どんな大きさの鉢でも失敗なくできます。
アツアツをほおばるもよし、ご飯にのせて汁かけご飯スタイルにしてもよし。

材料 6人分

- **卵液**
  - 卵　4個
  - だし汁　3カップ
  - 酒　大さじ1
  - しょうゆ　小さじ½
  - 塩　小さじ⅓
- むきえび　100g
- ゆり根　½個
- しめじ　½パック
- だし汁　2カップ
- 酒　大さじ1
- しょうゆ　小さじ½
- 塩　小さじ½
- **水溶き片栗粉**
  - 片栗粉大さじ2＋水大さじ4
- 三つ葉のざく切り　½束分

一度漉した卵液を大きな鉢に入れ、この状態で蒸し器に入れて蒸す。

えび、ゆり根、しめじを煮たら、水溶き片栗粉でとろみをつけてあんにする。

1 卵液を作る。鍋にだし汁を入れて煮立て、酒、しょうゆ、塩を加えて混ぜ、冷ます。

2 ボウルに卵を割りほぐし、1を少しずつ加えて混ぜ、万能漉し器で漉す。

3 大きな鉢に2を静かに流し入れ、表面の泡をスプーンなどですくいとる。蒸気の立った蒸し器に入れ、中火で6～8分蒸し、弱火にして30～40分蒸し、中心に竹串を刺してみて透明な汁が出てきたら蒸し上がり。

4 えびは洗って水気を拭く。ゆり根は根元を少し切り、1枚ずつにして洗い、黒い部分はそぎ切る。しめじは石づきをとって1本ずつに分け、長いものは半分に切る。

5 鍋にだし汁を入れて火にかけ、煮立ったらしめじを加え、しめじがしんなりしたらえび、ゆり根を入れる。再び煮立ったら酒、しょうゆ、塩で調味し、2～3分煮る。水溶き片栗粉でとろみをつける。

6 3の茶碗蒸しに5のあんをかけ、三つ葉をのせる。

やさしい味の茶碗蒸しは、ご飯にかけてもおいしい！

満腹めんとパン

五目そうめん

お昼どきの宴ならどーんと大鉢に盛るときもありますが、夕方からの集まりなら、青じその上にひと口ずつ盛りつけるのも素敵。鶏肉、えび、きゅうり、卵……と色の違う具をのせると華やか。
かけつけ1杯のビールとともに、お腹を落ち着かせるために出してもよいし、食べて、飲んで、そのあとの締めに出しても喜ばれます。

材料 6人分
そうめん　500g
鶏ささ身　4本
●鶏ささ身用
　酒　大さじ1
　塩、しょうがの皮　各少々
むきえび　30尾
●錦糸卵
　卵　2個
　塩　少々
　サラダ油　少々
きゅうり　2本
みょうが　3個
青じそ　30枚
しょうがのすりおろし　適量
すだち　3個
●めんつゆ
　だし汁　2½カップ
　みりん　大さじ4
　薄口しょうゆ　½カップ
　削り節　10g

1　めんつゆを作る。鍋にだし汁を入れて火にかけ、煮立ったらみりん、薄口しょうゆ、削り節を加える。再び煮立ったら火を弱めて2分ほど煮、万能漉し器で漉し、粗熱がとれたら冷やす。
2　ささ身は鍋に入れ、水½カップ、酒、塩、しょうがの皮を加えてふたをして火にかけ、煮立ったら火を弱めて10分ほどゆで、そのまま冷ます。汁気を拭いて細かくほぐす。
3　えびは洗い、塩少々（分量外）を加えた熱湯でゆで、冷水にとって冷まし、水気を拭く。
4　錦糸卵を作る。卵はボウルに割りほぐし、塩を加えて混ぜ、万能漉し器で漉す。フライパンにサラダ油を薄くひき、卵の½量を流し入れて全体に広げ、まわりが乾いてきたら裏に返し、さっと焼いてとり出す。残りも同様にして焼く。4等分に切ってからごく細く切る。
5　きゅうりはスライサーでごく細く切る。みょうがは縦半分に切ってから繊維に逆らって薄切りにし、水にさらして水気をきる。
6　そうめんはたっぷりの熱湯で袋の表示通りにゆで、流水でもむようにして洗い、ザルに上げて水気をきる。
7　器に青じそを敷き、6のそうめんを指2本でひと口大に巻いてのせ、2～5の具をのせ、しょうがのすりおろしをのせる。半分に切ったすだちを添える。
8　各自の器にとり分け、めんつゆをかける。

人指し指と中指にそうめんを適量ずつ巻きつけ、ひと口かふた口で食べられるサイズにまとめる。

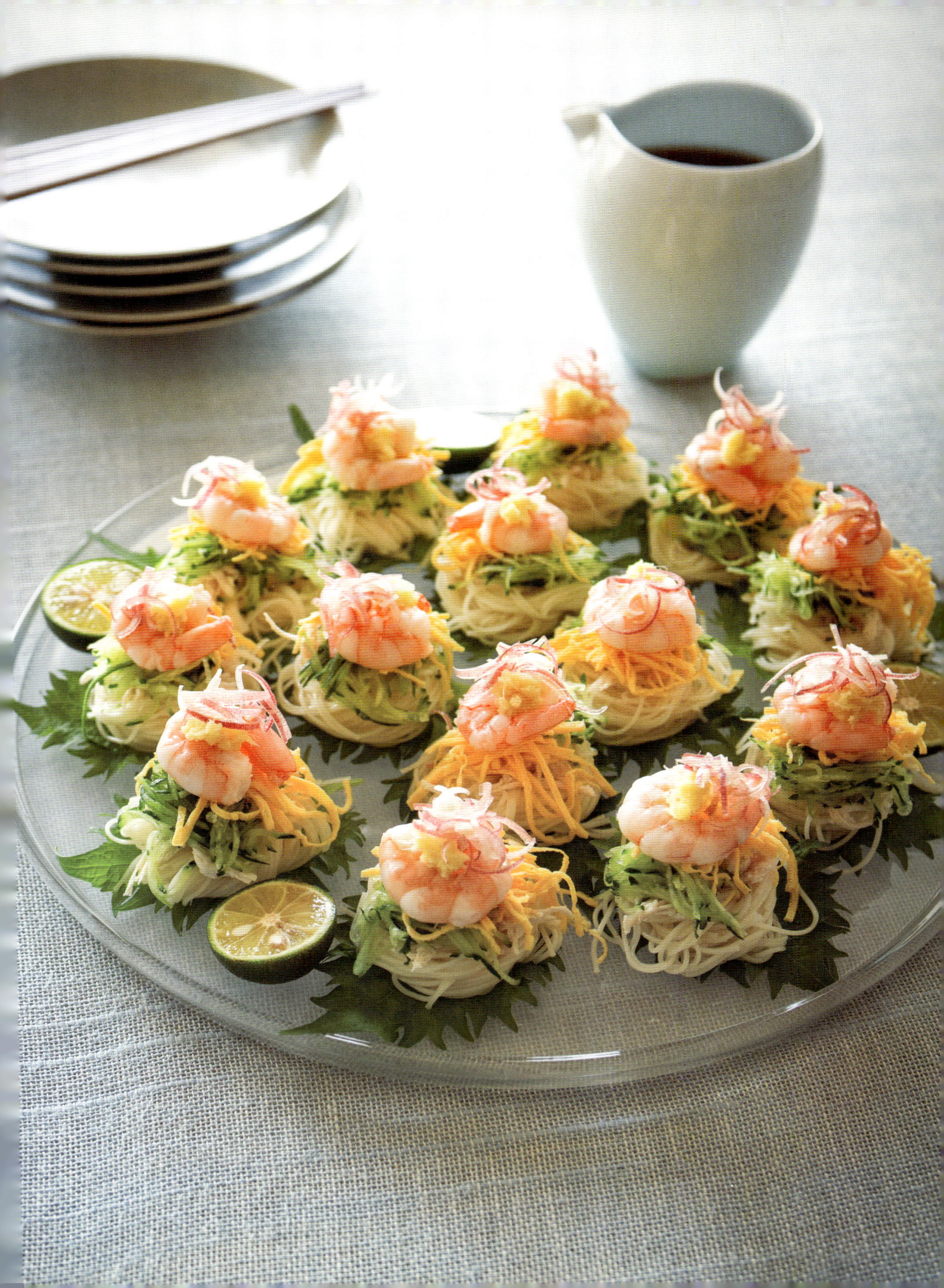

長崎皿うどん

焼きそばや炒めビーフンなどのめん料理も大皿料理に欠かせないアイテムですが、
九州育ちのせいか、長崎ちゃんぽんや皿うどんもよく作ります。
ここで紹介するのは、パリッと揚げた細めんが特徴の長崎皿うどん。
肉、魚介、野菜、きのこ、練りものと、とにかく具だくさんがおいしい！

材料 6人分

- 長崎皿うどんのめん（半生）　6人分
- 揚げ油　適量
- 豚バラ薄切り肉　200g
- あさり（むき身）　200g
- むきえび　150g
- するめいか　1ぱい
- キャベツ　300g
- もやし　1袋
- 玉ねぎ　小1個
- ヤングコーン　8本
- 赤ピーマン　2個
- きくらげ（乾燥）　大さじ2
- かまぼこ（ピンク）　小1板
- サラダ油　大さじ4
- 酒　大さじ4
- 鶏ガラスープ　6カップ
- 砂糖　小さじ1
- しょうゆ　大さじ1
- 塩　小さじ2
- こしょう　少々
- ●水溶き片栗粉
  - 片栗粉大さじ5〜6＋水⅔カップ
- ごま油　大さじ1
- 練り辛子、酢　各適量

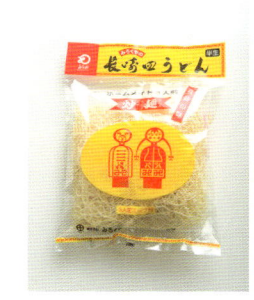

長崎皿うどんの半生のめん。物産展やインターネットなどで購入可。

半生のめんを揚げるとパリパリに。揚げためんを買ってきてもよい。

肉、魚介、野菜、練りものなど、いろいろなうまみが溶け合ったあん。

1　豚肉は3cm長さに切る。あさりとえびはザルに入れて洗い、水気をきる。

2　いかは足を抜いて内臓と軟骨をとり、胴は縦に切って開き、洗って皮をむく。斜めに浅く格子状に切り込みを入れ、3cm角に切る。足は内臓を切り落として口ばしを除き、足先を少し切り落とし、2本ずつに切り分ける。

3　キャベツは3cm角に切り、もやしは洗って水気をきる。

4　玉ねぎは縦半分に切って繊維に沿って5mm幅に切り、ヤングコーンは3等分の斜め切りにする。赤ピーマンは種をとって1cm幅に切る。きくらげはたっぷりの水に30分ほどつけて戻し、石づきをとって半分に切る。かまぼこは3cm長さにの短冊切りにする。

5　揚げ油を170〜180℃に熱し、半生のめん2人分を入れて混ぜ、フワッとして少し色づいてきたら裏に返し、カリッと揚げてとり出す。同様にして残りも揚げる。

6　中華鍋にサラダ油大さじ2を熱してキャベツを入れてさっと炒め、もやしを加えてさっと炒め、とり出す。

7　6の中華鍋にサラダ油大さじ2を足して豚肉を入れて炒め、4を加えて炒め合わせる。酒をふり、鶏ガラスープを加えて煮立て、砂糖、しょうゆ、塩、こしょうで調味する。

8　7にあさり、えび、いかを入れてひと煮し、キャベツともやしを戻し入れ、煮立ったら水溶き片栗粉を加えてとろみをつけ、ごま油を加えて混ぜる。

9　器に5のめんを盛り、8をかける、練り辛子、酢を添える。

練り辛子と酢で食べるほか、スパイシーなウスターソースをかけるのもおすすめ。

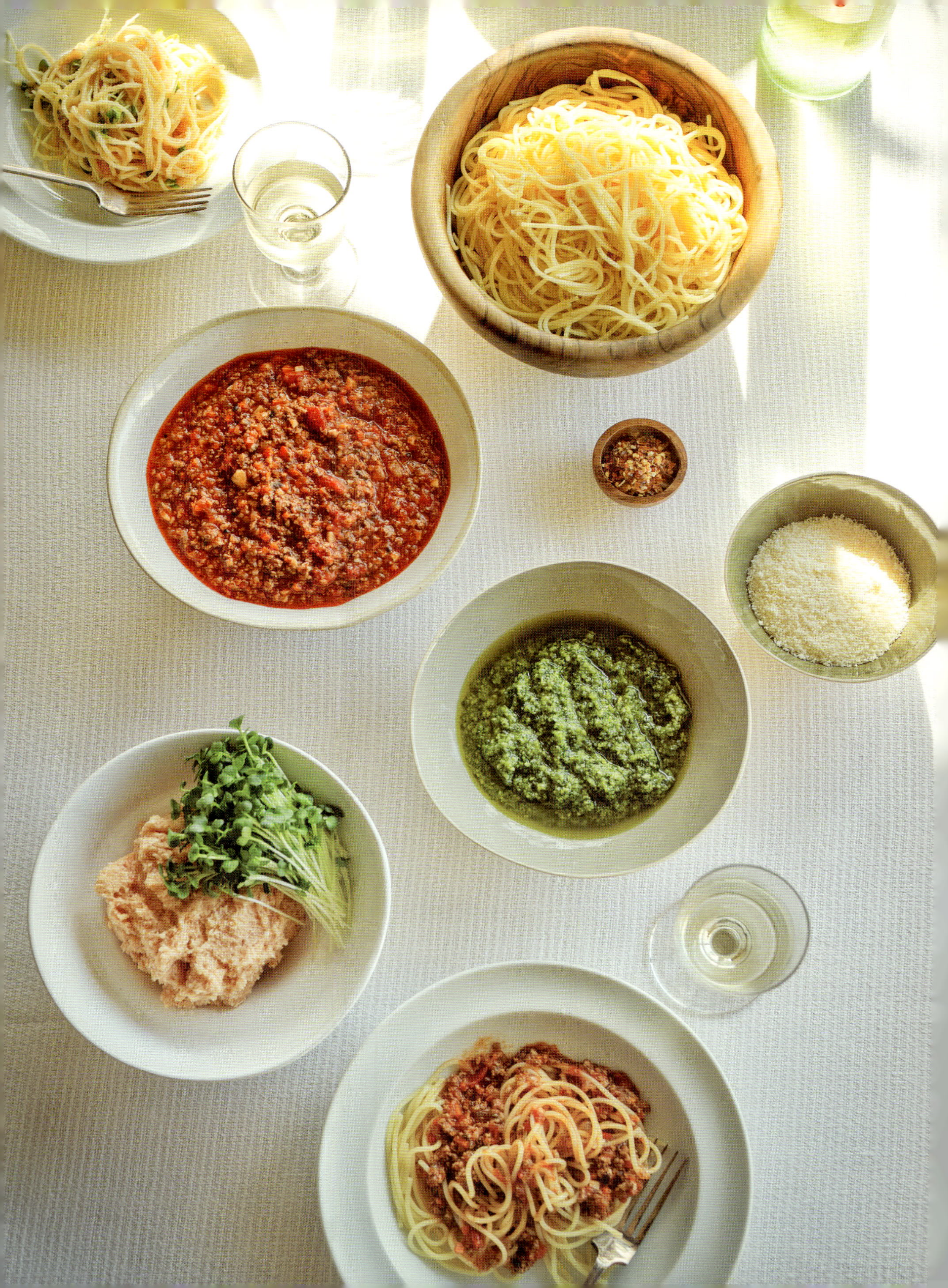

材料 各6人分

■ミートソース
合いびき肉　500g
オリーブオイル　大さじ3
玉ねぎのみじん切り　大1個分
にんにくのみじん切り　1かけ分
セロリのみじん切り　小1本分
にんじんのみじん切り　小1本分
生しいたけのみじん切り　6個分
白ワイン　1/3カップ
ホールトマト缶　400g×2缶
赤唐辛子　1本
ローリエ　1枚
砂糖　小さじ1
塩　小さじ2
こしょう、ナツメグ　各少々

■ジェノベーゼソース
バジル　30g
松の実　60g
にんにく　2かけ
オリーブオイル　1/2カップ
塩　小さじ1
こしょう　少々
パルミジャーノチーズのすりおろし　1カップ

■明太バターソース
明太子　正味200g
バター（室温に戻したもの）　150g
貝割れ菜　1束

■スパゲッティ　1〜2袋
■パルミジャーノチーズのすりおろし、赤唐辛子のみじん切り　各適量

各自の器にスパゲッティをとり分け、好きなソースをかけて混ぜる。好みでパルミジャーノチーズのすりおろし、赤唐辛子のみじん切りをかける。

お好きにパスタ

90ページのお好みカレー、92ページのお好み丼と同様、みんなの好きなパスタを3つのソースで楽しむ、ちょっとワクワクする欲張りメニュー。
前もって作っておけるミートソース、明太バターを筆頭に味の変化を考えて、今回はジェノベーゼソースをチョイス。

◎ 持ち寄りMEMO

それぞれのソースを保存容器に入れ、スパゲッティは乾めんのまま持っていく。パルミジャーノチーズのすりおろし、赤唐辛子も持参。

■ミートソース
1 鍋にオリーブオイル大さじ2を熱して玉ねぎとにんにくを炒め、セロリ、にんじん、しいたけを加えてしんなりするまで炒める。
2 フライパンまたは中華鍋にオリーブオイル大さじ1を熱してひき肉を炒め、ポロポロになったら白ワインをふり、1の鍋に移す。
3 ホールトマトを手でつぶして2に加えて混ぜ、煮立ったら赤唐辛子、ローリエ、砂糖、塩、こしょう、ナツメグを加え、ふたをして弱火で40〜50分煮る。

■ジェノベーゼソース
1 フードプロセッサーにバジル、松の実、にんにくを入れ、撹拌してすりつぶし、オリーブオイル、塩を加えてさらに撹拌してよく混ぜ合わせる。
2 1をボウルにとり出し、こしょう、パルミジャーノチーズを加えて混ぜる。

■明太バターソース
1 明太子は薄皮から身をとり出す。
2 ボウルにバターを入れてクリーム状にし、1を加えて混ぜ合わせる。根元を切った貝割れ菜を添える。

■スパゲッティ
1 スパゲッティは塩適量（分量外）を加えたたっぷりの熱湯でゆで、ザルに上げて器に盛る。パルミジャーノチーズのすりおろし、砕いた赤唐辛子を別器で添える。

バゲットホットドッグ

パンとソーセージ、味つけはオリーブオイル、
粒マスタード、フレンチマスタード。
たったそれだけのとってもシンプルなホットドッグ。
パンは細めのバゲット、ソーセージは太めのフランクフルトソーセージを使い、
バゲットに穴をあけてフランクフルトソーセージを詰めるのが特徴です。
たっぷり作りおいた自家製ピクルスを添えて。

満腹めんとパン ● 107

材料 6人分
- バゲット（細めのもの）　3本
- フランンクフルトソーセージ　9～12本
- 粒マスタード　大さじ6
- フレンチマスタード　大さじ3
- オリーブオイル　適量
- ●ミックスピクルス
  - カリフラワー　1/3個
  - にんじん　1本
  - きゅうり　2本
  - かぶ　小3個
  - セロリ　1本
  - ミニトマト　8個
  - 塩　大さじ2 2/3
  - ピクルス液
    - 酢　2/3カップ
    - 白ワイン　1/2カップ
    - 水　1 1/3カップ
    - 砂糖　大さじ2
    - ローリエ　1枚
    - 赤唐辛子　1～2本
    - シナモンスティック　1本
    - 黒粒こしょう　小さじ1

バゲットは菜箸などを刺し、ソーセージが詰められるように、回しながら空洞を作る。

ツンとくる辛さのフレンチマスタード、酸味がある粒マスタードを混ぜ合わせ、空洞にぬる。

1　ミックスピクルスを作る。カリフラワーは小房に分け、さらに縦4等分に切る。にんじんは波形のナイフで8mm厚さの輪切りにし、きゅうりは波形のナイフで1cm厚さの斜め切りにする。かぶは茎の部分を2cmほど残して6～8等分のくし形に切る。セロリは筋をとり、1cm幅の斜め切りにする。

2　ボウルに水4カップを入れ、塩を加えて混ぜて溶かし、1とミニトマトを加える。浮いてこないように皿などをのせて6時間～1晩漬ける。

3　鍋にピクルス液の材料を入れて火にかけ、ひと煮立ちさせて冷ます。

4　2の野菜をザルに上げて水気をきり、さらに水気を拭き、保存容器などに入れ、3を注ぎ入れる。5時間～1晩漬ける。

5　ホットドッグを作る。ソーセージはゆでてザルに上げ、水気を拭く。粒マスタードとフレンチマスタードは混ぜ合わせる。

6　バゲットを3～4等分に切り、菜箸などを刺して回しながら空洞を作り、オーブントースターでカリッと焼く。内側にオリーブオイルをぬり、5のマスタードをぬる。

7　6にソーセージを詰め、食べやすい長さに切り分ける。

8　器に盛り、ピクルスを添える。

持ち寄りMEMO
ホットドッグは3切れぐらいずつワックスペーパーで包んで両端をキュッとねじる。ピクルスは保存容器に入れる。ホットドッグの形がくずれないように、バスケットやカゴなどに入れて持っていく。

太巻きサンドイッチ

サンドイッチ用食パンを8枚つなげてクルクル巻いて
ロールケーキのように切り分けていただく、
ビッグサイズのロールサンドイッチです。
具はハムペースト、生ハム&バジル、スモークサーモン&クリームチーズ、
卵のタルタルなどいろいろ。どこから食べるかで味が違ってくるのが楽しい!

材料 3本分

サンドイッチ用パン　24枚
バター（室温に戻したもの）　150g

● ハムペースト
- ロースハム　150g
- バター（室温に戻したもの）　100g
- 玉ねぎのみじん切り　大さじ2
- 塩、こしょう　各少々

● スモークサーモン＆クリームチーズ
- スモークサーモン　150g
- クリームチーズ　150g
- きゅうり　1½本
- 玉ねぎ　少々

● 生ハム＆バジル
- 生ハム　100g
- バジル　大18枚
- パルミジャーノチーズ（かたまり）　60g

● 卵のタルタル
- ゆで卵　6個
- マヨネーズ　大さじ3
- 塩　小さじ¼
- こしょう　少々

パンとパンの継ぎ目はそぐようにして斜めに切り落とし、切り口にバターをぬる。

4つの具を好きな順に並べてのせ、平らにし、手前から巻いていく。

ラップで包み、冷蔵庫に入れて少し落ち着かせてから切り分ける。

持ち寄りMEMO
ラップをした状態で持っていき、食べる直前にラップをはずして切り分ける。形がくずれないように注意。

1　ハムペーストを作る。ハムはみじん切りにする。ボウルにバターを入れ、ハムと玉ねぎを加えて混ぜ合わせ、塩とこしょうで味を調える。

2　スモークサーモン＆クリームチーズの用意をする。スモークサーモンは1枚ずつにし、クリームチーズは混ぜてやわらかくする。きゅうりは半分の長さに切ってスライサーで薄切りにし、塩少々（分量外）をふって少しおき、水気を拭く。玉ねぎは薄切りにする。

3　生ハム＆バジルの用意をする。生ハムは1枚ずつにし、バジルは葉を摘む。パルミジャーノチーズは薄く削る。

4　卵のタルタルを作る。ゆで卵はみじん切りにし、マヨネーズ、塩、こしょうを加えて混ぜる。

5　パンに縦におき、継ぎ目になる部分を斜めに切り落とし、切り口にバターをぬり、2枚目以降のパンをつなげられるようにする。

6　まな板を縦にしてラップを長く敷き、手前にパンを横におき、バターをぬった切り口の部分を重ねながら8枚つなぐ。

7　パンの表面全体に薄くバターをぬり、2枚ごとに1〜4の具をのせ、手前からラップを使って巻いていき、大きなロール状にする。ラップでしっかりと包み、冷蔵庫に入れて30分〜1時間おいて落ち着かせる。

8　ラップをとり、3等分に切って器

食べたい素材で探す INDEX

肉・肉加工品

●牛肉
牛すね肉と野菜のサラダ 6
九節板 38
牛すじのエスニック煮込み 58
肉巻きおむすび＆しょうゆ卵おむすび 88
お好み丼 92

●鶏肉
ジューシー鶏ときゅうりの香味サラダ 8
がめ煮 26
鶏のから揚げ3種盛り 54
鶏肉のビール煮 56
お好みカレー 90
お好み丼 92
鶏飯 94

●豚肉
焼きなすのサラダ 豚しゃぶ玉ねぎだれ 12
手作り水餃子 40
豚スペアリブのこしょう焼き 44
塩豚のハーブロースト 46
豚の角煮 我が家風 48
ゆで豚とキムチの野菜包み 50
豚肉とレバーのみそ漬け 52
ゆで豚と白菜漬けの鍋 74
カムジャタン 80
お好み丼 92

●ラム肉
ラムチョップとじゃがいものグリル 60

●ひき肉
たっぷり生野菜のひき肉ドレッシング 14
ひき肉の和風オーブン焼き 62
夏野菜のひき肉包み揚げ 64
鶏団子鍋 78
お好みカレー 90
お好きにパスタ 104

●ソーセージ
バゲットホットドッグ 106

●生ハム
太巻きサンドイッチ 108

●ハム
豆腐干絲の中華風サラダ 23
薄切りじゃがいもとハムのグラタン 32
太巻きサンドイッチ 108

●ベーコン
アスパラガスのグリル
　ベーコンエッグのせ 34

魚介・魚介加工品

●あさり
海の幸のトマトソース煮 72

長崎皿うどん 102

●あじ
シーフードミックスフライ 70

●穴子
ばらちらし 82

●いか
シーフードミックスフライ 70
ばらちらし 82
長崎皿うどん 102

●イクラ
ばらちらし 82

●いさき
魚の中華セイロ蒸し 66

●いわし
いわしの香草パン粉焼き 68

●えび
クスクスとえびのサラダ 20
シーフードミックスフライ 70
海の幸のトマトソース煮 72
ばらちらし 82
大きな茶碗蒸し 98
五目そうめん 100
長崎皿うどん 102

●さば
ゆでさばのディップサラダ 10

●白身魚（ひらめ、鯛など）
ばらちらし 82

●たこ
海の幸のトマトソース煮 72
みんなのおでん 76

●帆立て貝柱
シーフードミックスフライ 70

●まぐろ
ばらちらし 82

●ムール貝
海の幸のトマトソース煮 72

●めばる
魚の中華セイロ蒸し 66

●じゃこ
豆腐と揚げじゃこのサラダ 22
春菊とじゃこのチヂミ風 36

●スモークサーモン
太巻きサンドイッチ 108

●ツナ
ひよこ豆とツナのサラダ 18

●練りもの
みんなのおでん 76

●干もの
冷や汁 96

●明太子
お好きにパスタ 104

大豆製品

●油揚げ
野菜ずしと稲荷ずし 84

●厚揚げ
みんなのおでん 76

●がんもどき
みんなのおでん 76

●豆腐
豆腐と揚げじゃこのサラダ 22
ゆで豚と白菜漬けの鍋 74
冷や汁 96

●豆腐干絲
豆腐干絲の中華風サラダ 23

野菜

●青じそ
五目そうめん 100

●アスパラガス、ホワイトアスパラガス
アスパラガスのグリル
　ベーコンエッグのせ 34

●オクラ
夏野菜のひき肉包み揚げ 64
お好みカレー 90

●かぶ
いろいろ野菜のロースト 24

●かぼちゃ
蒸し野菜のピリ辛だれ 30
鶏団子鍋 78
お好みカレー 90

●カリフラワー
クスクスとえびのサラダ 20

●絹さや
鶏飯 94

●きのこ
鶏肉のビール煮 56
いわしの香草パン粉焼き 68
鶏団子鍋 78
野菜ずしと稲荷ずし 84
お好み丼 92

●キャベツ、紫キャベツ
牛すね肉と野菜のサラダ 6
蒸し野菜のピリ辛だれ 30
ゆで豚とキムチの野菜包み 50
みんなのおでん 76
お好み丼 92
長崎皿うどん 102

●きゅうり
牛すね肉と野菜のサラダ 6
ジューシー鶏ときゅうりの香味サラダ 8
豆腐干絲の中華風サラダ 23
九節板 38
ばらちらし 82
冷や汁 96

●ごぼう
がめ煮 26

●さつまいも
蒸し野菜のピリ辛だれ 30

●里芋
がめ煮 26

●じゃがいも
牛すね肉と野菜のサラダ 6
薄切りじゃがいもとハムのグラタン 32

芽キャベツと新じゃがの素揚げ
　　パルミジャーノがけ 35
鶏肉のビール煮 56
ラムチョップとじゃがいものグリル 60
カムジャタン 80
- 香菜
豆腐干絲の中華風サラダ 23
- 春菊
春菊とじゃこのチヂミ風 36
九節板 38
- ズッキーニ
いろいろ野菜のロースト 24
お好みカレー 90
- せり
カムジャタン 80
- セロリ
豆腐干絲の中華風サラダ 23
- 大根
みんなのおでん 76
- たけのこ
野菜ずしと稲荷ずし 84
中華風おこわ 86
- 玉ねぎ、小玉ねぎ
焼きなすのサラダ 豚しゃぶ玉ねぎだれ 12
いろいろ野菜のロースト 24
鶏肉のビール煮 56
- チコリ
クスクスとえびのサラダ 20
- トマト、ミディトマト、ミニトマト
牛すね肉と野菜のサラダ 6
ジューシー鶏ときゅうりの香味サラダ 8
揚げ卵のサルササラダ 16
夏野菜のひき肉包み揚げ 64
いわしの香草パン粉焼き 68
みんなのおでん 76
- 長芋
ばらちらし 82
- 長ねぎ
蒸し野菜のピリ辛だれ 30
豚の角煮 我が家風 48
カムジャタン 80
- なす
焼きなすのサラダ 豚しゃぶ玉ねぎだれ 12
丸ごとなすの揚げびたし 28
手作りおやき 42
夏野菜のひき肉包み揚げ 64
お好みカレー 90
- 菜の花
野菜ずしと稲荷ずし 84
- にんじん
牛すね肉と野菜のサラダ 6
いろいろ野菜のロースト 24
がめ煮 26
九節板 38
鶏飯 94
- のびる
夏野菜のひき肉包み揚げ 64

- 白菜
手作り水餃子 40
ゆで豚とキムチの野菜包み 50
- バジル
お好きにパスタ 104
- ピーマン、パプリカ
いろいろ野菜のロースト 24
お好みカレー 90
- ブロッコリー
蒸し野菜のピリ辛だれ 30
- ほうれん草
手作り水餃子 40
- 万願寺唐辛子
夏野菜のひき肉包み揚げ 64
- 水菜
鶏団子鍋 78
- みょうが
夏野菜のひき肉包み揚げ 64
野菜ずしと稲荷ずし 84
- 芽キャベツ
芽キャベツと新じゃがの素揚げ
　　パルミジャーノがけ 35
- もやし
九節板 38
長崎皿うどん 102
- 谷中しょうが
夏野菜のひき肉包み揚げ 64
- ヤングコーン
夏野菜のひき肉包み揚げ 64
お好みカレー 90
- ゆり根
大きな茶碗蒸し 98
- ルッコラ
たっぷり生野菜のひき肉ドレッシング 14
- レタス類
たっぷり生野菜のひき肉ドレッシング 14
- れんこん
がめ煮 26
蒸し野菜のピリ辛だれ 30

乾物
- 切り干し大根
手作りおやき 42
- 昆布
みんなのおでん 76
- 干し貝柱
中華風おこわ 86
- 干ししいたけ
がめ煮 26
九節板 38
ばらちらし 82
中華風おこわ 86
鶏飯 94
- 春雨
ゆで豚と白菜漬けの鍋 74
- ひよこ豆
ひよこ豆とツナのサラダ 18

漬けもの
- 千枚漬け
野菜ずしと稲荷ずし 84
- 野沢菜漬け
手作りおやき 42
- 白菜キムチ
九節板 38
ゆで豚とキムチの野菜包み 50
- 白菜漬け
ゆで豚と白菜漬けの鍋 74

卵
牛すね肉と野菜のサラダ 6
揚げ卵のサルササラダ 16
アスパラガスのグリル
　　ベーコンエッグのせ 34
九節板 38
牛すじのエスニック煮込み 58
みんなのおでん 76
ばらちらし 82
卵巻きおむすび＆しょうゆ卵おむすび 88
鶏飯 94
大きな茶碗蒸し 98
五目そうめん 100
太巻きサンドイッチ 108

米、めん、パン
- 米
ばらちらし 82
野菜ずしと稲荷ずし 84
中華風おこわ 86
卵巻きおむすび＆しょうゆ卵おむすび 88
お好みカレー 90
お好み丼 92
鶏飯 94
冷や汁 96
- めん
鶏団子鍋 78
五目そうめん 100
長崎皿うどん 102
お好きにパスタ 104
- パン
バゲットホットドッグ 106
ゆでさばのディップサラダ 10
太巻きサンドイッチ 108

その他
- クスクス
クスクスとえびのサラダ 20
- こんにゃく
がめ煮 26
みんなのおでん 76
野菜ずしと稲荷ずし 84
- チーズ
薄切りじゃがいもとハムのグラタン 32
太巻きサンドイッチ 108

111

身近な材料と普段使いの調味料で作る家庭料理に定評がある。
和・洋・中・エスニックのジャンルを超えた幅広いレシピの数々は、
どれも自然体のおいしさで、いつ食べても飽きない味わい。
自宅での宴会も多く、大皿料理のレパートリーだけでなく、
大皿も数多く所有。料理研究家の中でも1、2を争う大盛りぶり。

大庭英子 • EIKO OBA

アートディレクション：昭原修三
デザイン：植田光子（昭原デザインオフィス）
撮影：竹内章雄
スタイリング：千葉美枝子
編集：松原京子
プリンティングディレクター：栗原哲朗（図書印刷）

取り分け&持ち寄り 大皿レシピ

2014年6月16日　第1刷発行

著　者　大庭英子
発行者　川畑慈範
発行所　東京書籍株式会社
　　　　東京都北区堀船2-17-1　〒114-8524
電話　　03-5390-7531（営業）　03-5390-7508（編集）
印刷・製本　図書印刷株式会社

Copyright © 2014 by Eiko Oba
All Rights Reserved.
Printed in Japan
ISBN978-4-487-80868-7 C2077
乱丁・落丁の際はお取り替えさせていただきます。
本書の内容を無断で転載することはかたくお断りいたします。